원순씨, 배낭 메고 어디 가세요?

원순씨, 배낭 메고 어디 가세요?

지금껏 우리가 보지 못한 새로운 선거 이야기

박원순·하승창 지음

Humanist

우리에게 '선거'란 어떤 것일까? 알다시피 1948년 남한만의 단독 정부를 수립하기 위해 치른 선거가 우리에게는 첫 선거다. 부정 선거가 발단이 되어 4·19 혁명 같은 역사적 사건이 일어나기도 했고, 선거 덕분에 불가능해 보이던 민주화 운동 세력의 집권이 이루어지기도 했다.

유권자들이 선거를 통해 원하는 공직자나 대표를 선출해 권력을 바꾸어 나가며 사회가 변화하고 발전해 나가게 만드는 것이 민주주의 국가들의 일반적 모습이고, 이제 우리도 예외는 아니다. 필자만 해도 그동안 여섯 번의 대통령선거와 여덟 번의 총선, 일곱 번의 지방 선거 등 모두 스물한 번의 선거를 경험했으니 선거는 이제 일상적이고 익숙한 정치 과정이기도 하다.

그런데 선거 제도가 권력을 놓고 서로 나뉘어 다투는 과정이다 보니 선거를 전쟁과 스포츠의 중간쯤 된다고 설명하기도 하는데 그만큼 선거는 상대를 이기기 위한 전략과 전술에 의해 좌우되기도 한다. 그래서 선거에서 이기는 방법에 대한 책도 나와 있고 선거에서 이기게 만들어 주는 컨설턴트도 적지 않고, 스포츠 경기 해설하듯 정치 과정이나 선거를 해설하는 정치 평론가도 있다. 정치적 리더와 명운을 함께하는 정치 참모에 관한 이야기가 장안에 화제가 되기도 한다. 사실 우리가 흔히 아는 정치 혹은 선거는 이런저런 정치 세력들 간의 승리와 패배를 둘러싼 이야기들의 연속이기도 하다. 《삼국지》나 《수호지》처럼 흥망성쇠가 있는 정치 세력들의 이야기는 승패가 구별되는 치열함과 짜릿함 때문에 더욱 재미있게 마련이다.

그러나 정치와 선거를 재미있는 영화보듯이 보게 되면 유권자들은 관객으로만 남게 된다. 그리고 관객으로서 웃고 즐기는 사이에 흔히 말하는 여의도만의 정치가 만들어진다. 친박이니 비박이니 친이니 하는 구분이나 동교동계 혹은 호남, 486, 친노 같은 구분은 그런 다툼을 하는 집단이나 세력을 의미하는데, 그들은 우리에게 친숙한 정치 집단이다. 이런 세력들이 선거법에 따라 선관위가 정해준 방식으로 당내외에서 합종하고 연횡하는 것이고, 그 다투는 '선거' 과정은 유세차와 선거 포스터, 현수막, 방송 토론 등 우리에게 익숙한 과정들로 이루어져 있다. 유권자는 이런 세력들이 내놓는 공약 중에서 '그나마 나은' 안을 선택하거나, 그마저 싫으면 투표장에 가지 않으면 된다고 여기면서 어느새 정치와 선거는 우리의 일상과 관계없는 일처럼 되어 버렸다.

2014년 지방 선거에서 박원순 서울 시장 후보는 우리가 흔히 생각하는 선거 운동 방식을 버리고 배낭을 메고 유권자를 만나고 다녔다. 사람들의 반응은 다양했다. 신선하다, 서민적이다, 그냥 한번 해보는 쇼 아니냐 등. 그러나 중요한 것은 배낭을 메는 행위를 통해 원순씨가 자신의 정치와 선거에 대한 생각을 말이 아닌 행동으로 보여주었다는 점이다. 그 행동은 기존 선거 운동과는 분명히 달랐다.

물론 원순씨의 경우 지금의 정치와는 다른 정치를 해달라는 요구를 숙명적으로 안고 정치권에 몸담게 되었다. 시민운동가였던 원순씨에게 정치라는 영역이 숙제가 된 것은 아이러니하게도 이명박 정부의 시민 운동에 대한 탄압 때문이었다.

이명박 정부는 그간 일구어 온 우리 사회의 민주적 진전을 뒤로 돌려 놓았다. 원순씨가 만든 아름다운 재단과 희망제작소도, 필자가 일한 시민단체연대회의와 많은 시민 단체도 알게 모르게 이명박 정부의 압력에 시달려야 했다. 당연하게 여긴 정치적 자유가 제한되기에 이르러서는 많은 사람이 2010년 지방 선거에서 이명박 정부의 전횡을 막을 필요를 절실하게 느꼈다. 결국 야권의 연합을 촉구한 시민 사회의 노력으로 선거는 야권의 승리로 막을 내렸다.

그런데 이명박 정부의 전횡은 시민 운동과 시민 단체에게만 '정치'를 알게 해 준 것이 아니었다. 조금이라도 사회의식이나 정치의식이 있는 사람들에게는 '정치'가 중요하다는 인식을 넘어서 정치적 참여에 대한 생각을 하도록 만들었다. 지방 선거에서 여당이 패배했음에도 불구하고 이명박 정부의 전횡은 그치지 않았고, 그를 막지 못하는 야권의 모습을 보며 사람들은 다른 정치 세력이 필요하다고 느꼈다. 이런 요구는 오세훈 시장의 사퇴로 공석이 된 서울 시장 보궐 선거를 계기로 더욱 두드러졌다. 안철수, 박원순 두 사람이 단일화하는 과정에서 기존 정치권과 전혀 다른 방법으로 양보하는 모습이 이런 기대를 더욱 높이기도 했다. 특히 안철수 현상은 그런 기대의 절정이기도 했다.

그러므로 원순씨가 배낭을 멘 것은 다른 정치를 요구하는 시민에 대한 자기 고민을 보여 주는 것이었다. 원순씨가 유권자들의 요구를 잊지 않고 있으며, 그것이 곧 자신의 정치라는 것을 기억하고 있다는 메시지이기도 했다.

여기서 원순씨의 배낭과 운동화는 다른 정치에 대한 일종의 상징이다. 이는 원순씨 개인이 유권자들의 눈길을 끌기 위해 기획한 이벤트가 아니었다. 이런 변화는 선거 캠프를 운영한 원순씨와 생각을 공유하는 사람들의 '기획'이 원순씨를 통해 드러난 것이고, 그들이 가진 정치에 대한 생각과 아이디어가 희망캠프 2를 통해 드러난 것이다. 희망캠프 2의 모든 프로그램은 어느 특정한 사람이나 기획 집단의 아이디어가 아니었다. 희망캠프 2에 참여한 사람들은 누구든지 자신이 보태는 작은 힘과 아이디어가 실현되는 경험을 했다. 그런 경험이 정치에 대한 그들의 생각을 바꾸고, 다른 정치가 실현될 가능성에 대한 확신을 갖게 만들었다. 그래서 원순씨와 함께한 사람들은 우리 정치가 변화해야 할 지점이 희망캠프 2에 담겨 있다고 생각한다.

그러므로 이 책은 선거와 정치에 관한 이야기이기는 하지만 정치인들 사이의 활약은 초점이 아니다. 희망캠프 2에 함께했던 자발적인 지지자들이 꿈꿨던 정치에 대한 생각을 이야기하는 책이다. 그를 통해 우리 정치가 조금이라도 달라져야 할 지점이 무엇인지에 대한 생각을 공유할 수 있기를 바라기 때문이다.

원순씨와 희망캠프 2의 사람들은 권위적 위계보다는 수평적 조직 문화, 문제가 있는 곳을 직접 찾아가는 현장 정치, 일방적 주장을 관철하기보다는 이견이 있는 사람들과의 충분한 대화, 생태적 가치에 대한 지향, 사회적이고 공익적인 가치를 실질적으로 구현하고 개인의 의지와 자유·창의적 발상을 중요하게 여기는 태도, 결과보다 문제 해결을 함께해 나가며 사람들의 삶과 어려움에 진심으로 다가가려는 태도 등을 보여 주었다.

대개는 희망캠프 2의 이야기를 중심으로 전개되지만 2011년의 희망캠프 1도 별개의 절로 정리해 두었다. 책의 후반부에는 희망캠프 2를 함께 만든 사람들에 대한 이야기와 희망캠프 2를 기획할 때의 기본적인 생각에 대한 이야기를 덧붙였다.

원순씨의 의지가 강하게 담긴 몇몇 이야기들은 원순씨의 구술에 많이 의존했지만, 원고의 대부분은 선거 캠프의 총괄팀장이었던 하승창이 썼다. 선거가 끝나고도 자료를 정리하고 인터뷰를 기록해 준 분들과 사진 기록을 남겨 준 자원 활동가들, 흔쾌히 인터뷰에 응해 준 희망캠프 2의 자원 활동가들 덕에 이 책은 만들어졌다. 일일이 거론할 수 없을 정도로 많은 분이어서 모두에게 감사하다는 말씀으로 대신하고자 한다.

아무리 선거를 총괄하는 위치에 있었다 하더라도 수많은 사람이 드나들면서 만들어 내는 선거 캠프의 일을 전부 알기란 힘든 일이다. 저마다 중요하게 여기는 가치가 다를 수도 있다. 따라서 희망캠프 2가 만들어 간 정치를 설명하기에 좋은 이야깃거리들을 자의적으로 선택할 수밖에 없었다. '다른 정치'는 멀리 있지 않고, 원순씨가 배낭을 메고 찾아간 우리 일상 안에, 스스로 희망캠프 2를 움직였던 시민들의 참여에 있다는 평범한 사실을 다시 확인하는 기회가 되기를 바란다. 희망캠프 2에 있는 동안, 참여한 많은 사람이 얼마든지 지금과는 다른 정치를 할 수 있다는 생각과 자신감을 서로 확인했다고 믿는다. 이 책의 출간으로 원순씨와 함께한 많은 사람이 우리가 꿈꾸어야 할 '정치'에 대해 다시 이야기해 보는 계기가 되면 좋겠다.

2015년 10월

하승창

차례

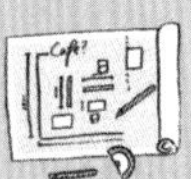

원순씨!
이대로!
박 원 순
박원순과 함께
서울을 건국!
원순씨

시민 여러분, 우리 함께 어디로 갈까요?

이 책의 제목은 '원순씨, 배낭 메고 어디 가세요?'입니다. 글쎄요, 개인으로서의 저는 어디서 와서 어디로 갈까요? 그 답을 찾는 것은 저를 포함한 인류 모두의 미완의 숙제일 것입니다. 하지만 공인으로서 제게는 그 전에 먼저 답을 찾아야 할 질문이 있습니다. '서울특별시장으로서의 박원순은 어디서 와서 어디로 가는가?' 하는 것이지요. 이 질문에 대한 답을 찾아야 할 뿐 아니라 저는 이 질문에 대해 늘 깨어 있어야 합니다. 그러한 태도가 이 질문에 대한 답을 찾는 가장 좋은 방법이자 공직자로서 제가 놓쳐서는 안 될 큰 책무이기 때문입니다.

이 질문을 저는 지난 2011년 8월 속리산 산기슭에서 출마를 결심할 무렵부터 지금까지 종종 되묻곤 했습니다. 그렇게 묻는 것만으로도 제 정신을 명징하게 만드는 효과가 있었습니다. 실은 저는 처음부터 확고한 답 하나를 마음속에 지니고 있었습니다. 바로 '수가재주 역가복주'(水可載舟 亦可覆舟)였습니다. '물은 배를 띄울 수도 뒤집을 수도 있다'라는 뜻이지요. 짐작하시겠지만 여기서 '물'은 민심, 즉 시민의 뜻이고, 배는 '공직' 혹은 '공적인 권력'입니다. 이 불변의 진리는 역사적으로 당대의 어떤 정치 제도와 관계없이 적용되어 왔습니다. 왕정이든 민주주의든 '민심'은 그렇게 강력하게 역사의 장면마다 면면히 작용해 왔습니다. 크든 작든 권력을 만들었고, 지지하거나 반대했으며, 때로는 흔들기도 하다가, 어느 국면에서는 끝내 참람한 권력을 바꾸어 놓기도 했습니다.

저 역시 2011년 보궐 선거에 나서면서부터 오늘에 이르기까지 '수가재주 역가복주'라는 이 격언을 실존적으로 여러 번 경험했습니다. 그러한 실존적 체험은 큰 깨달음이 되어 다시금 제 안에 각인되기도 했습니다. 이 책은 제가 경험한 그러한 여러 번의 각인 중 일부에 관한 기록입니다. 또한 공인으로서 제가 경험한 민심의 힘, 큰 물줄기의 물길을 만든 작고 소소하지만 중요한 요소와 장면 들을 채집해 두고 있습니다. 그러니 이 책은 공인으로서의 서울특별시장이 마땅히 답해야 할 질문, '2011년부터 2018년까지 서울특별시장을 한 이는 어디서 와서 어디로 가는가?'에 대한 답을 찾는 데 좋은 단초가 될 것입니다.

돌이켜 보면 2011년 '희망캠프 1' 때부터 상황은 매우 극적이었습니다. 그 극적인 상황은 시민들이 만들어 낸 것이었습니다. 저는 그 큰 물줄기의 흐름 위에 놓인 작은 쪽배와 같았고, 정신을 차려 보니 서울특별시장이라는 항구에 도착해 있었습니다. 그야말로 '수가재주 역가복주'였습니다. 그러니 그 깨달음을 서울 시정에 적용하려 무던히도 애를 쓸 수밖에 없었습니다.

그러고 나서 2014년 저는 다시 '희망캠프 2'라는 거대한 여울목에 서게 되었습니다. 그 여울목은 낯설었습니다. 거세고 큰 슬픔이었습니다. 세월호 참사에서 어느 누구도 자유로울 수 없었고, 아무리 생각해 봐도 큰 확성기로 '뽑아 달라'며 허공을 향해 외칠 염치가 없었습니다. 저는 그 여울목을 마주하고는 차라리 거대한 물길 속으로 걸어 들어가겠노라 결심했습니다. 선거의 당락이야 어차피 제 손을 떠나 있는 문제였습니다. 경험한 대로 '수가재주 역가복주'일 것이 분명했습니다.

그렇게 배낭을 메고 운동화를 신고 골목으로, 시장으로, 광장으로, 언덕으로, 학교와 경로당으로 시민 한 분 한 분을 만났습니다. 그 물길의 안쪽, 여울목 안은 오히려 달고 시원했습니다. 시민 여러 분과 만나 손을 잡고 눈을 맞추고 이야기를 듣는 것이 다시는 오지 않을 좋은 기회 같았습니다. 시청 안에서 서울특별시장 역할을 할 때에는 그렇게 종일 시민들을 만날 시간이 허락되지 않았기 때문에 더욱 그러했습니다. 물론 때때로 물의 흐름이 느껴지기도 했고, 물 밖의 흐름이 몹시 신경 쓰이기도 했습니다. 하지만 그럴수록 깊이 잠수하여 유영하듯 시민들을 만났습니다. 그리고 마침내 시간이 다 되어 물 밖으로 나왔을 때 저는 다시 서울특별시장이라는 공직, 그 육지에 도착해 있었습니다.

이제 다시 제게 묻습니다. 아니, 배의 돛과 엔진을 지니신, 조타수이신 시민 여러분께 묻습니다. '서울특별시장 박원순은 어디서 와서 어디로 갈까요?', '서울이라는 이 크고 오래되고 아름다운 도시는 어디로 나아가야 할까요?' 여전히 저는 제 마음속 배낭을 내려놓지도 운동화 끈을 풀지도 않고 있습니다. 서울특별시장이라는 공직은, 또 서울특별시는 시민 여러분과 함께 시민 여러분께서 방향과 속도를 정해 주시는 대로 운항하게 될 것입니다.

시민 여러분, 우리 함께 어디로 갈까요?

2015년 10월

박원순

1. 어? 이 캠프는 다른데요

희망캠프 2가 준 감동

2014년 6월 중순 무렵의 일이다. 박원순 서울 시장 후보의 선거 캠프인 '희망캠프 2'에서 자원 활동을 한 세 청년과 저녁을 함께하는 자리였다. 6·4 지방 선거에서 승리한 기쁨이 채 가시기도 전에 처음 만나는 자리라 서로 안부를 묻기 바빴다. 한참 이야기꽃을 피우고 있는데, 그중 가장 젊은 진희 씨에게 낯선 번호의 전화가 걸려 왔다. 그런데 고개를 갸웃대면서 전화를 받던 진희 씨가 갑자기 일어나 다른 곳으로 가는 게 아닌가. 원순씨의 감사 전화를 받은 것이다. 자신이 선거 운동을 도운 당사자가 직접 전화로 감사 인사를 해 왔으니 살짝 놀란 듯했다. 그 무렵 선거 캠프에서 함께 울고 웃었던 사람들의 '페이스북'에는 원순씨에게 감사 전화가 걸려 왔다는 소식이 제법 올라오곤 했다.

원순씨와 함께한 '희망캠프 2'는 기존 정당 조직처럼 일사불란한 체계로 움직인 것이 아니었다. 대부분이 원순씨와 뜻을 함께해 자발적으로 선거를 도운 사람들이었다. 그래서 선거가 끝나고 원순씨가 가장 먼저 한 일은 선거 캠프에 참여한 사람들에게 일일이 전화를 걸어 감사하다는 인사를 전하는 것이었다. 그것 말고는 원순씨가 감사의 표시를 할 수 있는 것이 없었다.

단지 전화로 감사 인사를 받은 것뿐이었는데도 캠프에 참여한 사람들은 오히려 고마워했다. 자신들이 자발적으로 선거 캠프에 참여했기에 그 경험만으로도 충분히 느끼고 배운 게 많다고 생각해서였을까. 하지만 요즘 세상에 누가 그런 경험만으로 감사함을 느낄까. 그런데 그랬다. 희망캠프 2에 참여한 많은 청년이 그렇게 이야기했다. 그들은 희망캠프에서 무엇을 얻었기에 그렇게 느꼈을까?

희망캠프 2에서 자원 활동을 한 유진 씨는 이전에도 선거 운동을 한 경험이 있었다. 지난 선거 경험에 비추어 그녀가 가장 놀란 일은 선거 캠프의 공간이었다. 여의도의 빌딩 숲에 있는 사무실이 아닌, 서울 한복판의 광장 시장에 선거 캠프가 마련되었기 때문이다. 서울의 중심에서 오랫동안 서울 사람들의 생활 터전이 되어 온 광장 시장이 주는 상징성 말고도, 유진 씨는 캠프 사무실에 들어서는 순간 뭔가 아주 새로운 느낌을 받았다고 한다.

뭔가 확 열린 느낌이었어요. 누구나 들어갈 수 있고, 또 캠프 어디든 스스럼없이 갈 수 있을 것 같았죠.

— 최유진(희망캠프 자원 활동가)

기존의 선거 캠프 사무실은 온통 칸막이로 구획되어, 누가 무슨 일을 하는지 알 수가 없었다. 언제나 '높으신 분'들끼리 비밀스럽게 선거 전략을 논의한 뒤, '지시 사항'을 내려주기만 했다. 유진 씨는 자신이 하는 일이 선거에서 어떤 의미와 책임이 있는지 막상 선거 운동을 하면서도 알 수가 없었다.

그런데 희망캠프 2는 전혀 달랐다. 누구도 지시하지 않았다. 오히려 유진 씨에게 무슨 일을 하고 싶으냐고 물었다. 그래서 처음 희망캠프 2에 합류했을 때는 무엇을 해야 할지 많이 고민했다고 한다. 스스로 주체가 되어 선거를 도울 수 있다는 것은 무엇보다도 기쁜 일이었다. 유진 씨는 지인들을 최대한 불러 모아 최선을 다해 선거 운동에 참여했다.

유진 씨만 그렇게 느낀 게 아니었다. '노무현을 사랑하는 사람들의 모임(노사모)'에서 선거 운동을 한 경험이 있는 정호 씨가 느끼기에도 희망캠프 2는 다른 선거 캠프와 달랐다. '노사모'에서도 많은 사람이 자발적으로 선거 운동에 참여하고 싶어 했다. 그러나 그들이 참여하고 싶어도 활동할 수 있는 공간과 기회가 주어지지 않았다. 기존 정당의 선거 경험이 있는 사람들이 주도해서 조직적으로 선거를 꾸려 갔기 때문이다. 그런데 희망캠프 2에서는 이런 정호 씨가 활동할 공간과 네트워크를 마련해 준 것이다.

진희 씨는 시민 단체에서 활동하다 그만두고 적극적으로 희망캠프 2에 결합한 경우다. 이전 시민 단체에서는 시민들이 자발적으로 아이디어를 내는 것을 돕는 일을 했는데, 한 발 더 나아가 희망캠프 2에서 시민들이 직접 선거 과정을 체험할 수 있도록 해 보고 싶어 결합했다. 희망캠프 2에서 진희 씨는 시민 단체 안에서 활동하는 것 이상으로 값진 것을 느꼈다고 한다.

희망캠프 2에서 자원 활동가들의 내부 소통을 위한 뉴스 레터를 만든 박기완 씨는 희망캠프 2를 마을처럼 느꼈다. 마을처럼 친근했기 때문에 친구들을 불러서 함께하자고 자신 있게 말할 수 있었다. 마을이란 함께 사는 공간이므로 좋은 마을을 만들려면 여럿이 함께 협력하는 것이 중요하다고 생각했다. 그는 지금 작은 소셜 벤처 회사에서 일한다. 희망캠프 2에서 느낀 경험이 인생의 진로를 결정하는 데 영향을 주었다고 한다. 그가 일하는 회사는 물을 절약해서 생기는 이윤으로 이익을 취하는 동시에 이 이익을 물이 부족한 나라를 돕는 캠페인에도 쓴다. 박기완 씨는 다양한 사람이 내뿜는 에너지를 받으며 무엇이든 할 수 있겠다는 자신감을 얻었고, 그래서 소셜 벤처 회사에 과감히 뛰어들 수 있었다.

이들에게 희망캠프 2는 새로운 선거 문화를 경험할 수 있는 장이었다. 나아가 새로운 정치 문화가 어떤 것인지, 만약 있다면 그것이 실제로 현실에서 구현 가능한지 경험할 수 있는 공간이었던 것이다.

희망캠프는 선거 플랫폼의 소프트웨어나 하드웨어적인 부분에 대한 충분한 이해가 있었다. 초반에 누군가 판을 그리고 나면 모두 함께 일할 수 있는 판을 깔아 주는 곳이었다. 이것을 보면서 판을 어떻게 깔아 주느냐가 요즘 운동에서의 능력일 수 있겠다고 생각했다. 공간뿐만 아니라 사람도 하나의 플랫폼이 될 수 있다. 실제 선거 운동을 하면서 지역 주민에게 선거 홍보물을 드릴 때는 막혀 있다는 느낌이 들었는데, 시민들을 믿다 보니 점차 변화하는 게 느껴졌다. 실제로 믿는 것이 변화를 가져온 것이다. 그래서 운동에 대한 나의 마인드에도 변화가 생겼다. 사람들의 행동, 리더십, 삶에 대한 가치관 등……. 성장했다고 느껴서 감사했다.

— **박진희**(희망캠프 자원 활동가)

캠프 안에 자라는 풀 한 포기도 소중히 여기는 태도, 단 한 사람의 이야기라도 귀 기울이는 사람들, 보통은 아주 작은 것들을 무시하는데 여기서는 그렇지 않고, 그래서 감동을 받고, 그래서 더 커진다는 느낌을 받았다.

— **최유진**(희망캠프 자원 활동가)

박원순 후보와는 아무런 인연이 없었다. 하지만 선거 캠프에서 활동하면서 하루하루 캠프 사진을 찍었는데, 그것이 날마다 조금씩 다른 공간으로 변해 가는 것을 보면서 무엇이든 함께 모여 만들면 가능할 것 같다는 생각이 들었다.

— **박기완**(희망캠프 자원 활동가)

선거 캠프가 단순히 선거를 승리로 이끄는 데 그치지 않고, 그곳에서 함께한 사람들에게 감동을 주고 그 감동이 새로운 정치에 대한 의지를 불어넣는 곳이 되었다면 그것은 선거에서 승리한 것 이상의 가치가 있지 않을까?

지난 2011년 서울 시장 보궐 선거에 박원순 후보가 출마한다고 했을 때, 시민 운동 진영에서 함께한 가장 큰 이유는 시민 운동가가 시장이 되면 확실한 변화를 만들 수 있을 것이라는 기대와 함께 선거를 통해 시민 운동이 기성의 정치 문화와 다른 문화를 보여 줄 수 있다고 판단했기 때문이다. 따라서 그런 시민 운동의 가치를 선거에서 어떻게 드러낼 것인가가 아주 중요한 문제였다.

그때 나온 선거 운동의 다양한 아이디어 가운데 하나가 유권자들과 함께하는 '타운홀 미팅'이라든가, 선거 사무실에 언제라도 유권자가 찾아와서 궁금한 것을 물어볼 수 있도록 하고 정책을 제안할 수 있도록 하는 것, 나아가 함께 선거 운동에 참여할 수 있도록 카페형 공간으로 바꾸는 것, 후보가 유권자에게 일방적으로 유세만 하는 것이 아니라 반대로 유권자들의 의견을 듣기만 하는 '경청 유세' 같은 것들이다.

이러한 아이디어는 3년이 지난 후 2014년 서울 시장 선거에서 한 걸음 더 진화한 형태로 나타났다. 그것이 희망캠프 2였다. 희망캠프 2는 원순씨와 정치적 지향을 같이하는 사람들이 스스로 모여 선거 운동을 기획하고, 발로 뛰어다니고 그 결과를 직접 경험하며 각자 더 성장하는 플랫폼이 될 수 있도록 했다. 이런 힘들이 모여 결국 선거에서도 승리할 수 있었다. 이 승리는 단순히 박원순 개인의 승리가 아니라 새로운 정치 문화를 만들어 보고자 모인 사람들의 승리이기도 하다.

선거 운동기간 내내 희망캠프 2의 사람들은 다양한 아이디어와 창의적인 활동 방식을 스스로 만들어 냈다. 원순씨가 배낭을 멘 모습은 그런 새로운 문화를 상징적으로 보여 준 셈이다. 그러므로 희망캠프 2의 새로운 시도에 대한 이야기를 공유하는 것은 지금과는 '다른' 정치의 모습을 만들어 보려는 도전과 시도에 대한 이야기를 공유하는 것이기도 하다.

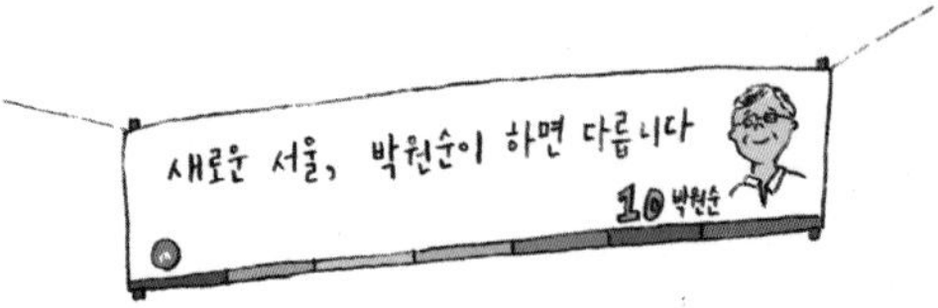

2. 희망캠프 시즌 1에 대한 기억

새로운 시도만으로도 빛났던 캠프

2011년 오세훈 당시 서울 시장이 초등학생들의 무상 급식에 반대하면서 시장직에서 사퇴했다. 더는 정치 논리로 시민들의 실제 생활이 위협 받는 것을 두고볼 수 없었던 시민 운동 진영에서는 박원순을 서울 시장 후보로 내세웠다. 그전에도 시민 운동 관계자들은 박원순 변호사에게 정치권 출마를 요청했으나 그의 불출마 의지가 워낙 단호했다. 그래서 2011년에는 박원순 변호사에게 쉽게 출마를 권유하지 못했는데, 오히려 박원순 변호사 자신이 새롭게 결심을 했다. 그간 출마 요청을 거절한 것이 사람들의 어려운 삶을 외면하고 자신이 하고 싶은 일만 하려 한 것은 아닌가 하는 반성을 하며 출마 결심을 굳히게 되었다고 한다.

박원순 변호사가 출마 결심을 하자 시민 운동 진영의 관계자들이 함께 모여 어떤 선거를 해 나갈지 논의해야 했다. 당시 나온 논의들 중 몇 가지를 보면 '서울이 바뀌면 대한민국이 바뀝니다'라는 슬로건처럼 시민 운동가로서 변화와 혁신을 강조하고, 소통과 경청의 자세로 지지자들이 함께 참여하는 선거 캠페인을 만드는 것을 가장 큰 가치로 두었다. 그리고 무소속 시민 후보로서 기존의 정치판과 다른 패러다임으로 선거에 임할 수 있는 공간과 플랫폼이 되어야 한다는 데 모두 공감했다.

그러나 큰 선거를 치러 본 경험이 없는 시민 운동 진영은 불안감을 느꼈고, 이는 시민 운동 진영에서뿐만 아니라 외부에서도 마찬가지였다. 당시 《오마이뉴스》의 장윤선 기자의 기사는 총선 단장을 예로 들었지만 곧 희망캠프에 대한 외부의 시선을 잘 보여 주고 있다.

> 그런 사람(하승창)이 박원순 캠프의 책임을 맡는다고 했을 때, 정치권에서 흘러나온 얘기는 대략 이랬다. "될까?", "정치를 잘 모르실 텐데?", "시민 운동도 정치의 링에 올랐으니 악 소리 나게 제대로 평가 한번 받아 봐야지". 시민 운동가의 정치 데뷔에 혹독한 신고식이 기다리고 있구나 싶었다.
>
> — 《오마이뉴스》, 〈박원순이 주목한 하승창은 누구?〉, 2011년 10월 6일

당시 박원순 변호사의 선거 운동을 도운 시민 운동가들은 윤석인·유창주·서왕진·오성규·박진섭·최승국·천준호 등 주요 시민 단체의 사무처장 출신들이었다. 이들은 우선 박원순 변호사가 왜 선거

에 나서야 하는지를 유권자들에게 설명하고 설득하는 것이 최우선 과제라고 보았다. 그러기 위해서는 캠프 이름부터 유권자들이 곧바로 이해할 수 있는 의미를 담는 것이 중요했다. 그래서 고민 끝에 나온 것이 '새로운 서울을 위한 희망캠프'였다. 그전까지 선거에 출마한 후보의 선거 캠프를 지칭하는 말은 대체로 비슷했다. '○○○ 후보 선거 운동 본부'. 줄여서 '○○○ 선본'이라고 불렀다. 그런데 이런 이름들은 후보가 왜 선거에 나섰는지를 유권자들에게 전혀 설명하지 못했다. 그래서 우리는 희망캠프가 기존의 선거 캠프와 무엇이 다른지, 후보가 지향하는 궁극적인 가치는 무엇인지에 대한 사려 깊은 고민이 간결하게 담겨야 한다고 생각했다.

박원순 변호사를 비롯한 시민 운동 진영은 '다른 서울은 가능하다'라는 입장이었다. 당시 무상 급식 논쟁으로 촉발된 복지 문제가 단순히 정치적 논란에 불과한 것이 아니라, 서울이라는 도시가 궁극적으로 지향해야 할 가치로 시민들에게 받아들여지기 시작했다는 점을 가장 큰 유권자 의식의 변화라고 보았다. 일종의 패러다임이 변화한 것이다. 패러다임의 변화에 맞춰 박원순 후보의 선거 캠프도 변해야 했다. 그래서 공간을 카페처럼 만들거나 유권자와 호흡하기 위한 유세로 경청 투어와 타운홀 미팅을 기획했다. 외부에서는 이런 시도에 대해 '시민 운동스럽다'라고 선을 그었지만, 기존의 정치와 다른 것을 분명하게 보여 줄 필요가 있었다.

그러나 2011년에 처음 출범한 희망캠프에서 본격적으로 다른 패러다임의 정치를 펼쳐 보이기는 어려웠다. 무엇보다 무소속 후보로 출마해서 제1 야당의 후보와 단일 후보 선출을 위한 경선까지 치르는 동안 계속 시민 운동 진영에서 선거 운동을 기획할 수 없었던 것이 가장 큰 이유였다. 단일 후보 경선에서 박원순 후보가 승리하면서 합류한 민주당이 이후 선거 운동의 기획을 주도할 수밖에 없는 구조였다. 사상 처음 시민 운동가들이 현실 정치에 발을 디뎠으나, 현실 정치 진영에서 아이디어만으로 새로운 정치 문화를 보여 주기에는 한계가 명확했다.

또 희망캠프 내부적으로도 부족함이 많았다. 처음 선거 운동을 경험하는 주요 참여자들 간에 선거 운동 방법에 관한 입장이 저마다 달랐고, 선거 캠프의 궁극적인 상에 대한 생각도 달랐다. 기존 정치권에서는 이런 면모들 때문에 일 처리가 일사불란하지 못하고 비효율적이라고 보았을 것이다. 선거를 총괄한 입장에서 보면 너무나 아쉬운 대목이었다.

그렇지만 2011년의 경험이 없었다면 2014년에 새로운 정치 문화를 보여 준 희망캠프 2의 모습은 만들어지지 않았을 것이다. 부분적이지만 패러다임이 다른 선거 운동을 기획하고 시도한 2011년의 희망캠프는 시민 운동 진영의 사람들이 기획한 첫 번째 본격적인 선거이기도 했다.

3. 포스트잇이 정치를 한다

정치는 소통이다

요즘 웬만한 사람들은 포스트잇을 한 번쯤 써 봤을 것이다. 컴퓨터나 스마트폰의 메모 기능이 발달하긴 했어도, 포스트잇은 간단하게 메모한 후 떠올리기 좋게 노트나 모니터 모서리, 책상 위 어디든 눈에 보이는 곳에 붙여 놓기만 하면 되니까 말이다. 비슷한 기능의 도구들이 있지만 '포스트잇'이라는 이름은 3M이라는 회사만 쓸 수 있다. 특허로 등록해 놓았기 때문이다.

포스트잇은 단순히 메모를 기록해 두는 편리한 사무용품에 그치지 않는다. 소통의 도구로도 쓰인다. 가령 처음 참가하는 어색한 모임에서 사람들에게 포스트잇을 한 장씩 나눠 준다. 그다음에 자신을 상징하는 단어들을 적어 서로 교환하면 서로를 쉽게 소개하는 놀이를 할 수도 있다. 최근 새로운 사회 혁신에 관한 아이디어를 공유하는 모임이 적잖이 등장하고 있는데, 가령 '바 캠프' 같은 컨퍼런스, 월드 카페 같은 형식의 대화 모임, 각종 워크숍 등이 그것이다. 이런 모임에서 포스트잇에 간단한 아이디어와 키워드를 적어 모두가 볼 수 있는 공간에 붙여 두면 참가한 사람들의 생각을 공유하는 데 아주 유용하다.

독일 하이델베르크에 가면 '앱하우스(AppHaus)'라는 곳이 있다. 독일의 세계적인 소프트웨어 업체인 SAP가 운영하는 곳이다. 이곳에서는 기업이나 학교 등에서 찾아와 짧게는 4주, 길게는 6개월 머무르는 동안 각 조직의 혁신에 필요한 도움을 준다. 이 앱하우스의 슬로건 중 하나가 '빨리 실패하고 자주 실패하자'인데, 이곳에 머물면서 이런저런 생각을 나눌 때 포스트잇을 쓴다. 아이디어를 간단한 단어로 빨리 쓸 수 있고 마음에 들지 않으면 쉽게 다른 포스트잇에 메모하면서 생각을 모아 갈 수 있기 때문이다. 그러다 보니 이 앱하우스에서 가장 중요한 도구는 포스트잇과 레고 블록이다.

이쯤되면 포스트잇은 소통과 혁신을 위한 도구로도 쓰이는 셈이다. 이런 유용한 점 때문에 최근에는 컴퓨터 안에서 포스트잇처럼 쓰는 프로그램이 생겨났다. 포스트잇도 진화하고 있는 셈이다.

그런데 이 포스트잇과 선거 운동이 무슨 관련이 있을까? 지금도 원순씨는 바로 이 포스트잇에 둘러싸여 지낸다. 서울 시장실 한쪽 면을 가득 메우고 있는 포스트잇을 보면 실감할 수 있다. 그 많은 포스트잇은 박원순 시장 혼자 메모하려고 쓴 것일까?

2011년 서울 시장 보궐 선거로 박원순 후보가 당선되었을 때, 서울 시장 집무실 풍경 중에 유난히 화제가 된 것이 바로 이 포스트잇이었다. 이 포스트잇들은 당시 선거 운동을 할 때 유권자들이 박원순 후보에게 '선물'로 준 것들이다. '선물'이라니? 이 포스트잇들에는 서울시 유권자들의 각종 정책 제안과 요구 사항이 담겨 있다.

어디서나 내게 주는 선물이더라고요. 선물이라고는 하지만 그 선물이 사실 내게는 골칫거리예요.

— 박원순

박원순 후보가 포스트잇을 처음 선물로 받은 것은 2011년 보궐 선거 당시 성미산 마을에서 열린 타운홀 미팅 때였다. 박원순 후보다운 선거 유세 방식이 무엇일까 고심하던 선거 캠프에 성미산 마을 주민들이 박원순 후보의 이야기를 듣고 싶다고 연락해 왔다. 그러나 선관위가 규정한 선거법상 예비 후보일 경우에는 후보자 본인과 지정된 선거 사무원 1인만 명함을 나누어 줄 수 있었고, 지지를 호소하는 것도 후보자 1인에 한정되어 있었다. 아울러 여러 사람이 모인 곳에서 연설도 금지되어 있었기 때문에 이런 모임에 가더라도 박원순 후보는 마이크를 들고 정견을 이야기할 수 없는 상황이었다. 그래서 희망캠프에서는 오히려 가서 듣기만 하는 것으로 입장을 정리하고 주민들을 만나러 갔던 것이다.

박원순 후보는 성미산 마을 극장에 모인 100여 명의 주민과 둘러앉아 주민들의 이야기를 조용히 듣기만 했다. 어떤 주민은 동영상을 보여 주었고, 어떤 주민은 도화지에 자신이 바라는 정책들을 적어서 보여 주었다. 또 어떤 주민은 서울 시장 후보에 출마한 박원순 후보에게 자신의 바람을 담아 그림으로 보여 주기도 했다. 마을 주민들은 저마다의 방식으로 서울 시정에 대한 바람을 이야기했다. 그러고 나서도 모자란 이야기나 더 전하고 싶은 이야기는 포스트잇에 적어 극장 한쪽 벽면에 빼곡하게 붙여 놓았다.

박원순 후보는 주민들의 이야기를 듣기만 한 것이 아니라 포스트잇으로 볼 수 있었다. 처음 박원순 후보는 벽에 붙은 포스트잇에 적힌 내용들을 자신의 수첩에 기록했다. 그러나 그 수가 너무 많아 모두 기록할 수가 없자, 주최 측과 협의하여 포스트잇을 모두 선물로 받기로 했다. 선관위 직원이 옆에 있었지만 선거법 위반으로 볼 수 없는 상황이었던 것이다.

희망캠프에서는 박원순 후보가 펜과 수첩을 들고 직접 유권자들의 목소리를 기록하고, 또 유권자들이 적은 바람을 담은 포스트잇을 받는 '경청 유세'를 희망캠프만의 독특한 유세 방식으로 기획하고 계속 진행했다. 이후 박원순 후보의 보궐 선거 캠페인 현장에서는 사람들이 모여든 곳 어디든 포스트잇과 펜이 함께 등장했다. 그러자 그곳이 실내이든 바깥이든 박원순 후보가 머무는 곳 주변에는 포스트잇이 붙기 시작했다. 이 포스트잇들에는 응원의 메시지뿐만

아니라 꼼꼼한 정책 제안부터 동네 민원까지 다종다양한 이야기가 담겨 있었다. 형형색색의 포스트잇이 차곡차곡 모아져 박원순 후보에게 전달되었다. 이후 2014년 선거에서는 박원순 후보의 유세 버스에도 어김없이 포스트잇이 붙었다. 버스 곳곳에 낙서처럼 서울 시민들의 바람이 적혔던 것이다.

바로 그때 서울 시민들이 박원순 후보에게 바란 내용을 담은 포스트잇이 지금의 시장 집무실에 아직도 남아 있다. 그렇다면 이 포스트잇들은 그냥 서울 시민들의 목소리를 상징하는 것뿐일까? 이 포스트잇의 내용들은 지금 박원순 시장의 시정 과제가 되었다. 시장실 벽은 일정한 시간이 지나면 새로운 포스트잇들로 바뀐다.

지금 저게 엄청나게 많아요. 창고에도 있어요. 몇 번 바뀌었을 거예요 아마…….

— 박원순

왜 유권자들은 박원순 후보에게 이런 골치 아픈 선물을 안겨 준 것일까? 그 이유는 단순하다. 박원순 후보가 '들어 주기' 때문이다. 지난 선거에서 유권자들은 언제나 말을 하는 위치가 아니라 일방적으로 듣는 위치에 있었다. 선거 때마다 후보들이 나타나 산타클로스라도 된 듯 일방적으로 선물 보따리를 주겠다고 자기 말만 했지, 정작 사람들이 무엇을 원하는지 듣는 사람은 없었다. 우리의 정치 문화에서 유권자들은 결국 자신들의 목소리를 내기보다는 정치인이 일방적으로 제공하는 선택지 안에서 투표로 선택할 수밖에 없었다.

버락 오바마 미국 대통령은 정치를 목소리가 없는 사람들의 이야기를 대변해 주는 것이라고 했다. 박원순 후보는 포스트잇을 통해 사람들이 저마다 목소리를 낼 수 있게 했고, 그 이야기를 자신의 집무실 안에서 늘 듣고 보면서 시정 안에 녹여 내려 했다. 그러니 희망캠프에서 포스트잇은 곧 새로운 정치의 아이콘인 셈이다.

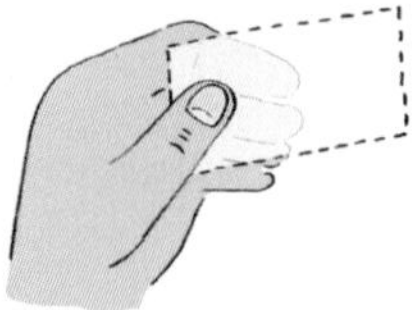

4. 명함이 없는 선거 캠프

캠프의 경계를 없애다

자신을 알리는 가장 흔한 수단이 명함이다. 명함이 언제부터 사용되었는지 정확하게 알 수는 없지만 18세기쯤 프랑스에서 쓰기 시작했다는 설도 있고, 중국에서 처음 시작되었다는 설도 있다. 두 경우 모두 지인을 방문했다가 부재중일 때 카드나 종이에 자신의 이름을 적어 놓고 나온 것이 시초라 한다. 그러다가 점차 사교계에서 널리 쓰이면서 오늘날 명함의 형태를 갖추었다고 보는 모양이다. 오늘날과 같은 비즈니스 카드라는 의미의 명함은 20세기에 들어와서 보편화되었다고 한다. 특히 요즘 명함은 개성을 드러내는 하나의 표현수단인 만큼 독특한 것도 종종 보게 된다.

선거에서 명함은 없어서는 안 되는 중요한 홍보 수단이다. 특히 2011년 서울 시장 보궐 선거에서 박원순 후보가 내민 명함은 사람들의 눈길을 끌었다. 일반적인 명함과 다르게 후보의 얼굴이 잘 드러나지 않았고, 평범한 시골 어르신 모습까지 함께 들어가 있었다. 사진의 구도와 느낌이 한 편의 작품처럼 멋들어져서 명함은 꽤 인기가 있었다.

선거 운동에서는 후보의 명함만 중요한 것이 아니다. 선거 캠프에 참여해 일하는 스태프나 각종 선거 운동을 기획하는 사람, 주요 현안에 대한 조언자, 정당의 주요 인사 들에게는 꼭 명함이 발급되었다. 무엇보다도 선거 캠프의 명함은 자신이 누구의 캠프에서 일하고 있는지 확인하게 해 주는 정치적 신분증 같은 것이었다. 유력 후보의 캠프에서 일하면서 받은 명함을 가지고 있다면 이후 자신의 정치적 경력을 증명하는 기능도 있었던 셈이다.

2011년 처음 선거 캠프의 책임자를 한답시고 앉아 있다 보니 명함을 만들어 달라는 사람이 많다는 것을 알게 되었다. 그러나 캠프에서 어떤 역할이나 지위도 없는데 무작정 명함을 만들어 줄 수는 없었다. 그랬더니 여기저기서 내게 선거를 망치려고 작정을 했다는 비난이 쏟아졌다. 심지어 혼자 선거를 독점하려는 권력욕을 가진 사람이라는 이야기도 했다. 선거운동에 참여했다는 것을 통해 정치적 경력을 쌓으려는 경우 명함과 직책이 중요한 근거가 되기도 하기 때문인데 선거신참인 기획단장이 그런 것을 잘 모르고 있기 때문에 생긴 일이었던 셈이다. 그만큼 기성 정치권에서 선거에 관련된 행위가 갖는 정치적 함의를 정확히 몰랐다는 이야기도 된다.

명함을 발급하는 일로 계속 들볶이다가 박원순 후보가 단일 후보가 되면서 민주당과 함께 선거 운동을 진행하다 보니 명함을 만드는 데 동의할 수밖에 없었다. 명함 중에서 조직 특보 명함이 가장 많았을 것이다. 후보의 특보를 그렇게 많이 임명할 수 있다는 것을 그때 처음 알았다. 선거 기획을 총괄하는 입장이었지만, 그 많은 캠프 사람을 일일이 점검하는 것은 불가능했다. 따라서 누군가 추천을 받으면, 인맥이 넓은 기존 정치권 인사가 한번 점검한 후 대개 특보로 임명했다. 결국 2012년 총선에서는 시쳇말로 박원순 캠프에서 일하지 않은 사람은 경선에 나오지도 못할 정도로 많은 사람이 캠프의 경력을 들고 나왔고, 이런 사람이 너무 많아지자 민주당에서는 고육지책으로 이 경력을 명함에 사용하지 못하게 했다.

대선 때 박근혜 선거 캠프는 명함도 명함이지만, 임명장을 아예 쌓아 놓고 줄 정도였고, 정도의 차이는 있겠지만 문재인 선거 캠프도 비슷한 흐름이었다고 본다. 그만큼 선거 때 명함이나 임명장은 선거 운동원을 만드는 핵심적인 수단이다.

그런데 2014년 박원순 후보의 희망캠프 2에서는 명함을 만들지 않았다. 딱 한 사람, 후보 자신의 것만 있었다. 2011년 보궐 선거에서는 쓸데없는 자리를 만들지 않아야겠다는 생각 때문에 명함을 만들지 않았다면, 2014년에는 명함을 만들지 않으니 오히려 자리를 만들지 않아도 되었다. 특히 박원순 후보의 의지가 워낙 확고했다. 그러나 반대 의견도 있었다. 선거 운동에 사람들을 참여시키기 위해서 일정한 자리를 만들어 주는 것은 불가피하다는 의견이 정당 관계자뿐 아니라 시민 단체 출신에게서도 나왔다. 명함 없이 어떻게 선거 운동을 하느냐는 것이었다. 그러나 박원순 후보는 선거 운동을 꼭 요란하게 해야 하느냐는 고민을 심각하게 하고 있었다.

지난 대선 때, 신안군의 인구 30퍼센트는 특보였다는 말이 있었어요. 특히 박근혜 후보 쪽에서 명함을 그렇게 제작해서 보냈다는 이야기도 있었죠. 그래서 우리도 그런 걸 해야 하는 게 아닌가 고민했죠. 왜냐하면 사람들이 그런 거 하나 받으면 그래도 우리 편이 될 테니까. 그런데 상황이 그렇게 해서는 안 될 어떤 시대적 분위기로 몰려갔잖아요. 특히 세월호 참사가 있은 후부터는 누구랄 것도 없이 거창하고 요란한 선거 운동은 불가능할 것이라고 했죠. 그런데 명함을 준다는 것은 또 그만큼의 직책을 준다는 것이거든요.

— 박원순

내부에서 명함 등을 놓고 논쟁하다가, 박원순 후보가 TV 토론에서 명함, 유세차, 선대위, 네거티브, 청중 동원 등 다섯 가지를 하지 않겠다고 선언하고, 이어진 출마 기자 회견에서 유세차, 세력 동원, 네거티브 등 세 가지가 없는 선거를 하겠다고 선언했다. 대신 현장 캠프, 배낭, 스케치북으로 선거를 하겠다고 했다. 그렇게 대외적으로 박원순 후보가 발표하고 나니 자연스럽게 명함을 없애는 것이 희망캠프 2의 기조처럼 되어 버렸다.

후보가 선언하자 캠프에서는 자연스럽게 명함을 사용하지 않게 되었지만, 그중에 불가피하다며 개인 명함을 사용하는 사람도 있었다. 그러나 시간이 흐를수록 사람들은 명함이 없는 것에 익숙해졌다. 명함이 필요 없다는 인식이 자연스러워진 계기가 있는데, 그중 하나는 캠프 앞에 부착된 현수막을 본 유권자 한 분이 선거 운동원들에게 박원순 후보의 선거 캠프에서 일하느냐고 묻고는 왜 명함도 안 주느냐고 따진 일이 있었다. 선거 운동원들이 박원순 후보 캠프는 명함이 따로 없다고 하자 "아, 맞아. 여기는 명함이 없다고 했지? 잘했다."라며 흔쾌히 격려하고 가는 것이었다. 이런 경험이 쌓이자 선거 운동원들은 명함이 없는 것이 오히려 선거 운동에 도움이 될 수 있겠다는 생각을 하기 시작했다.

그 밖에 또 다른 효과는 캠프 안에서 발생했다. 기존의 관행대로라면 캠프 상근자와 자원 봉사자 간에 명함으로 구분이 분명했을 텐데, 명함이 없으니 그 경계가 점차 희미해졌다. 굳이 선거 캠프에서 명함을 받아야 선거 운동을 할 수 있는 것이 아니라는 점이 분명해지자, 오히려 선거 캠프와 관계없이 자발적으로 선거 운동에 나서는 사람들이 생겨났다.

명함을 없애면 선거 운동이 혼란스러워지고 소극적이 될 것이라는 애초의 우려와 달리, 정작 명함을 없애고 나니 더 많은 사람이 캠프에 연결되었고, 더 뛰어난 캠페인이 창의적으로 만들어지기 시작했다. 요란한 선거 운동을 하지 않고, 쓸데없는 자리를 마구 만들어 사람들을 불러 모으지 않겠다는 생각으로 명함을 없앤 것이 더 많은 조직 특보를 불러들인 셈이다. 그렇게 희망캠프 2는 선거 캠프의 안팎이 사라진 경계 없는 선거 캠프가 되었다.

5. 버리지 말기

현수막으로 가방을 만들다

현수막은 늘 거리에서 접할 수 있는 홍보물이다. 특히 선거에서 현수막은 후보를 알리고, 공약과 정책을 알리는 아주 중요한 수단이다. 그래서 선거 때마다 거리는 각종 현수막으로 넘쳐난다. 우리가 흔히 보는 풍경이다.

선거와 관련하여 현수막을 걸려면 공직선거법의 규정에 따라야 한다. 공직선거법 제67조를 보면 "후보자는 선거 운동을 위하여 당해 선거구 안의 읍·면·동마다 1매의 현수막을 게시할 수 있다."라고 되어 있다. 이처럼 선관위가 제한을 둔 까닭은 후보의 정치력이나 재력에 따라 현수막의 양과 크기가 달라지지 않아야 공정한 선거가 된다고 판단했기 때문이다. 그러나 현수막을 어디에 걸지는 각 후보의 몫이라 선거 운동이 시작되는 순간 서로 좋은 자리에 현수막을 걸려는 노력은 시쳇말로 장난 아니다. 좋지 않은 자리에 걸려 잘 보이지 않으면 해당 후보를 지지하는 사람들의 항의 전화가 빗발친다.

처음 희망캠프 2를 꾸렸을 때, 박원순 후보는 심지어 현수막도 걸지 말자고 제안했다. 그래서 잠시 논의를 했다. 현수막이 너무 많으면 조용한 선거를 주창한 후보 이미지에 맞지 않는데다 굳이 현수막이 아니더라도 후보의 공약을 알릴 수단이 많이 있었기 때문이다. 나아가 환경적으로 낭비라는 생각도 있었다. 그러나 논의 끝에 현수막을 걸자는 쪽으로 의견이 모아졌다. 현실적으로 현수막은 후보가 선거에 나왔는지 유권자가 체감하는 중요한 수단으로 자리 잡은 지 오래였기 때문이다. 그마저 하지 않는다면 오만하다는 비판을 받을 수도 있고, 실제로 현수막이 주는 효과도 무시할 수 없었다.

현수막을 걸기로 하고 든 고민은 이왕지사 현수막을 거는 거라면 예쁘게 잘 만들자는 것이었다. '꼼꼼원순'이라는 후보의 별명까지 닮아가는지 희망캠프 2는 조그만 것도 소홀히 하지 않는 모습을 보여주어야 한다는 생각이 커서 현수막을 새롭게 디자인하려고 했다. 그러나 오랫동안 정치권에 몸담았던 캠프 구성원들은 이런 시도에 시큰둥해 했다. 왜 그런가 했더니 선관위가 현수막 디자인에 관한 규정을 아주 구체적으로 명시해 놓고 있었던 것이다. 바꾸려고 해봐야 현수막에 들어가는 글자의 디자인 정도를 조금 다르게 할 수 있었는데, 당시 걸려 있는 현수막을 본 지지자들은 눈에 띄지 않는다는 반응을 보였다. 현수막 하나를 만들더라도 지금까지와는 다른 혁신적인 모습을 보이고 싶었던 캠프의 바람과 현실의 간극은 멀었다.

2014년 서울 시장 선거에서 캠프의 홍보 전략을 고민하고 있던 문호상 팀장도 현수막을 어떻게 차별화할지를 두고 고심했다. 현수막 글자의 디자인이나 정당을 상징하는 색깔에서 벗어나 박원순 후보를 상징하는 색깔을 찾으려다 보니 끙끙 앓을 정도였다. 한편 유명한 설치 미술 작가가 선거 캠프 외벽에 재활용품을 이용한 대형 현수막을 걸자는 아이디어를 제안했지만, 선거법 위반의 소지가 있어 실현되지 못했다.

2011년에는 현수막을 새롭게 디자인하는 것도 어려운 일이었는데, 후보는 한술 더 떠 현수막을 하나도 버리지 말자고 했다. 그걸로 가방을 만들겠다는 것이었다. 그러자 주위에서는 후보가 뭐 그런 것까지 신경 쓰느냐는 반응도 적지 않았다. 2014년 선거에서는 이미 2011년의 보궐 선거 경험이 있어서 처음부터 버리지 않을 생각이긴 했다.

무엇보다도 희망캠프 2에서는 선거 캠프에서 나오는 수많은 쓰레기를 그냥 버리는 것이 아니라 재활용함으로써 선거라는 과정에서도 생태적 가치가 중요하게 여겨지길 바랐다. 실제로 선거 캠프가 끝난 뒤 쓰레기로 남는 대표적인 것이 각종 홍보 전단과 명함, 현수막, 각종 가구 등이다. 명함은 만들지 않기로 했으니까 정책 자료집 같은 홍보물과 현수막이 대표적인 쓰레기였다. 정책 자료집은 꼭 필요한 경우가 아니면 종이책으로 만들지 않고 웹사이트에 전체 내용

을 올려 놓아 쓰레기를 줄였다. 희망캠프 2에서 사용한 사무용 가구 대부분은 임대해서 사용했기 때문에 선거가 끝나면 곧바로 회수해 갔다. 그중에는 재활용 가구도 있어서 전체적으로 가구가 쓰레기로 남는 경우는 드물었다. 가구 외에 건물 내부에 설치하는 각종 인테리어 소품도 모두 재활용이 가능한 제품으로 사용해서 버리지 않고 다시 쓸 수 있도록 하는 데 중점을 두었다.

그런데 현수막은 캠프에서 별도로 재활용하기가 어려웠다. 마침 현수막을 재가공해서 에코백으로 만드는 '업사이클링' 전문 사회적 기업이 있어서 그쪽에 남은 현수막을 모아서 주기만 하면 되었다. 선거 캠프는 쓰레기를 버리는 일이었지만 기업은 상품 생산을 위한 원재료를 얻게 되는 일이어서 서로에게 도움이 되었다. 덕분에 희망캠프 2에서 사용한 현수막들은 에코백이라는 '작품'으로 다시 태어나 사람들 손에 들려 거리에 나서 선거가 끝나고도 박원순 후보가 어떤 공약을 했는지 알 수 있게 되었다.

이 같은 구상은 박원순 후보가 이전부터 추구하던 사회적 운동의 연장선에 있는 것이었다. 박원순 후보가 2011년 선거에 나서기 전에 시민 운동가로 활동하면서 만든 대표적인 기업이 바로 재활용을 기반으로 한 '아름다운 가게'였다. '아름다운 가게'에는 업사이클링 운동을 전문적으로 하는 '에코 파티 메아리'라는 팀이 있었고, 이 팀에서는 이미 현수막을 재활용해 에코백을 만들어 시장에 내다 팔았다. 일부는 외국에 수출하기도 했는데, 2009년 2월에는 이 같은 콘셉트의 예술성을 인정받아 뉴욕 현대 미술관 모마(MOMA)에 초청받아 전시되기도 했다.

현수막은 공해잖아요. 시민들이 나를 잘 모르는 것도 아니고 아예 만들지 않아도 되지 않을까 생각했지만 주위에서 그러면 안 된다고 하길래 그러면 큰 길에만 최소한으로 설치하자고 했어요. 다들 그것도 안 된다고 하니까. 그래서 전부 재활용하자고 했어요. 이런 것은 스토리가 생기잖아요.

— 박원순

현수막을 통해 보여 준 업사이클링에 대한 박원순 후보의 관심은 시정에서도 고스란히 이어지고 있다. 2013년에는 서울을 세계 제일의 재활용 도시로 만들기 위한 마스터플랜을 수립해 '리사이클 타운', '재활용 플라자', '재활용 정거장' 같은 시설을 설치했다. 도시 생활 전반을 재활용이라는 관점에서 새롭게 디자인하는 것이다.

선거 역사상 현수막이 재활용되어 새로운 제품으로 만들어진 예는 희망캠프가 최초일 것이다. 이후 지난 대선에서는 한 재활용 기업이 '5년의 약속'이라는 이벤트를 기획해 대선에서 사용한 현수막으로 에코백을 만들었다.

사회적 기업들의 공익적인 의도와 정치 현장이 만나 단순히 경제적인 이유에서의 '재활용'을 넘어 각 후보와 선거 운동에 참여한 사람들의 이야기가 담긴 '작품'으로 현수막을 재탄생시킨 점은 희망캠프가 선거 문화에 새롭게 던진 화두라고 할 수 있다.

6. 선거 대책 위원회가 없는 선거 캠프

작고 빠른 실용적인 선거 캠프를 만들다

선거에서 중요한 일 가운데 하나는 선거 대책 위원회를 꾸리는 것이다. 더구나 서울 시장 선거쯤 되면 선거 대책 위원회가 어떤 사람들로 꾸려지느냐로 언론의 관심을 집중적으로 받을 것이고, 이들의 발언 하나하나가 캠프에 영향을 미칠 수밖에 없다. 그래서 선거 때마다 선거 대책 위원장이 누군지, 어떤 사람들이 선거 대책 위원회의 중요한 직책을 맡는지가 초유의 관심사다. 후보가 어떤 방향과 방식으로 선거를 치를 것인가를 가늠하는 잣대가 되기 때문이다. 아울러 선거 운동이 시작될 때는 수많은 사람이 선거에 결합하기 때문에 할 일을 효율적으로 분배하고 내부 구성원들 간의 갈등을 조정하는 것도 선거 대책 위원회의 중요한 기능 중 하나다. 선거가 끝나면 선거 대책 위원회에서 맡은 직책이 선거에 대한 기여도로 평가받기도 해서 기존의 정치권에서는 선거 대책 위원회에서 어떤 직책을 맡느냐를 두고 신경전을 벌이기도 한다. 또 선거에 나가지 않는 사람들 중에 일부는 후보와 자신의 관계를 보여 주는 증표로 직책을 이용해 말썽이 나기도 한다. 이런 부작용을 감수하고라도 선거 대책 위원회를 구성하고 가능한 한 많은 사람이 일하게 하는 것은 그것이 표를 얻는 데 도움이 되기 때문이다.

사실 2011년 보궐 선거를 준비할 때는 처음 선거에 임하는 것이라 선거 대책 위원회가 선거 운동을 하는 데 실제로 얼마나 도움이 될지 가늠하기 어려웠다. 다른 선거들의 사례를 확인해 봤지만 서울시장 선거 같은 큰 규모에 선거 대책 위원회가 움직이면 의사 결정과 집행이 대단히 비효율적으로 될 것으로 보았다. 그래서 선거 대책 위원회를 구성하는 일에 망설이고 있었다. 기존 정치권에서 합류한 일부 사람들은 선거 대책 위원회를 구성하는 것 자체가 주는 효과가 있기 때문에 꼭 구성해야 한다고 주장했다. 그러나 아직 민주당과의 후보 경선이 남은 상황에서 미리 선거 대책 위원회를 꾸려 놓으면 이후 다른 사람들이 합류할 공간이 적어지는 것도 문제였다.

고심 끝에 택한 방식은 '기획단'을 꾸리는 것이었다. 보통은 실무 조직과 별개로 선거 운동본부, 선거 대책 위원회 같은 의사 결정 단위를 두는 게 일반적이었고, 여기에 참여하는 사람들의 정치사회적 위상이 중요하게 여겨졌다. 기획단이라고 하니 실무 기능만을 담당한다는 느낌을 주긴 했다. 그러나 실제로 그렇게 운영하는 것이 필요했다. 그러자 내부에서는 상당한 불만을 제기했다. 기획단의 실무진은 '팀장'이라는 직급을 부여했는데, 팀장이라는 직급으로는 대외의 유력 인사들을 선거 캠프에 합류시키기 어렵고 대외적으로 활동하는 경우 캠프에서 의사 결정을 하는 주요 구성원으로 보이기보다는 실무만 담당하는 활동가로 보여서 실세를 연결해 주면 선거를 돕겠다는 사람들이 많다는 것이 이유였다. 아울러 이후에 민주당이 합류하게 되면 민주당 중심으로 선거가 흘러가지 않도록 선거 대책 위원회를 꾸려 놓고 위원장 등 자리를 만들어 놓아야 한다는 주장도 만만찮았다.

그런 상황임에도 2011년 당시, 희망캠프는 이후 합류할 민주당 등 새로운 세력을 위한 공간 확보, 작위적이고 형식적인 선거 대책 위원회보다 선거 운동의 의사 결정과 집행의 효율성에 초점을 맞춰 기능과 역할이 간명한 선거 캠프가 박원순 후보의 이미지에 맞는다고 판단해 고집스레 기획단 형식을 유지했다. 그러나 이 같은 시도가 제대로 자리 잡았다고 평가하기는 어려웠다. 이후 민주당과 본격적인 선거 대책 위원회 구성을 논의하면서 선거 대책 위원회를 꾸리자는 민주당 쪽의 강력한 요구를 무시할 수 없었고, 시민 운동 진영에서도 선거 대책 위원회에 참여하고자 하는 바람이 있어 무시하기 어려웠기 때문이다. 시민 운동 진영을 제대로 설득하지 못한 셈이었다. 결과적으로 보면 새로운 정치 문화를 보여 줄 수 있는 선거 운동 조직을 구성하려는 시도는 제대로 이루어지지 못했다. 실제로 기획단이라는 조직 형태를 고집스레 유지하는 바람에 민주당과의 경선 과정에서 희망캠프가 일사불란하게 움직이지 못했다는 비판이 적지 않았다. 기획단이라는 조직적 실험이 그리 성공했다고 보기는 어려웠지만, 2014년 선거를 치른 입장에서 보면 그것은 소중한 경험이자 자산이었다. 캠프의 부족함을 채워준 것은 시민들이었기 때문이다.

2011년의 서울 시장 보궐 선거는 박원순 후보가 처음 정치에 입문하는 것이었고, 입문한 지 50일 만에 큰 선거에서 승리한 것이니 시민들의 지지와 정치 변화에 대한 바람을 빼놓고는 승리했다고 생각할 수 없었다. 물론 안철수 의원의 지지와 성원도 컸지만, 큰 흐름은 무엇보다 서울 시민의 정치권에 대한 변화 요구였다.

2014년 서울 시장 선거는 이런 2011년의 경험을 좀 더 세련되고 치밀하게 발전시켰다. 결론부터 이야기하면, 희망캠프 2는 선거 대책 위원회를 아예 꾸리지 않았다. 내부 공감대가 완전히 형성된 것은 아니었지만 결정적으로 세월호 참사가 일어나면서 대부분 이런 방향에 수긍하게 되었다. 세월호 사건에서 드러난 일상의 작은 부패들에 대한 반감이 커지고 있었기 때문에 우리 사회 전체를 되돌아보자는 문제의식과 함께 아직 희생자들의 시신도 수습하지 못하는 상황에서 선거를 조용히 치르자는 공감대가 캠프 전반에 형성되었다.

그래서 2011년 선거처럼 기획단 형태로 캠프를 운영하면서 필자와 임종석 전 의원이 총괄기획팀장을 맡고 선거에 꼭 필요한 임무

중심으로 팀장들을 배치했다. 과거 같았으면 선거 대책 위원회에서 주요한 보직을 맡았을 국회 의원들은 새정치연합 서울시당의 선거 운동 계획에 따라 배치되고 움직였다. 서울시당과 희망캠프 2 간에는 서로 필요할 때 회의를 통해 일을 조율하고 집행해 나갔다. 당시 임종석 팀장은 이런 실무적 구조에 대해 걱정이 많았지만 선거가 진행되는 동안 희망캠프 2의 조직 구조가 생각한 것보다 훨씬 훌륭하다는 평가를 내렸다.

과거에는 당의 후보가 당 안팍에서 인물들을 다 끌어다 조직을 꾸렸는데, 이번에는 다 자기 자리에서 선거를 지원했다. 캠프는 판단과 조정 기능을 주로 했다. 작고 효율적이어서 아주 만족스러웠다. 초기에는 당 사람들도 불만을 토로하고 어색해 하더니, 우리가 소통을 충분히 하니 막상 서울시당도 선거에 돌입하자 불만이 없었을 뿐만 아니라 오히려 이 방식이 좋다는 긍정적인 분위기까지 형성되었다. 앞으로 큰 선거를 치를 때, 내가 결정할 위치에 있다면 조직을 작고 효율적으로 짜고 싶다. 이번 캠프는 무엇보다 후보와 캠프가 빠르게 소통했다. 매머드급의 선거 대책 본부였다면 선대본부장, 실무자, 후보가 뜻이 일치해야 캠프가 움직이는데, 여기서는 그러지 않았다. 오히려 굉장히 빠르게 대응할 수 있어서 매우 만족스러웠다. 예를 들어 검찰이 친환경 급식 센터 문제로 수사한다고 했을 때, 아침 9시 30분에 처음 그 소식을 듣고 점심때 바로 회의를 소집했다. 캠프와 서울시당의 합동 회의였는데, 여기서 신속하게 결정해 오후 3시에 의원들이 검찰에 항의 방문하고, 저녁이 되자 검찰의 압수 수색이 취소되었다. 명백한 선거 방해였으니까. 그런데 대규모 선거 대책 본부였다면 이런 새로운 변화는 어려웠을 것이다. 합의가 안 되었을 것이다. 정당의 정치인들을 감안한다면 오히려 선거 대책 본부를 구성하는 게 역량을 분산하는 일인지도 모른다. 시당 체계 그대로 캠프와 소통한 것이 사람들의 참여를 확장한 셈이었다. 시민 사회 진영도 그랬을 것이라고 본다. 이렇게 한 것이 오히려 조직적으로도 효율적인 총력 체계를 만들 수 있었다.

— 임종석 총괄기획팀장

이렇게 선거 대책 위원회 없이 선거를 치르며 결국 서울 시장 선거에서 승리할 수 있었다. 당시 상황과는 별개로 희망캠프 2는 박원순 후보의 정체성과도 잘 맞았다. 원순씨는 스스로 실사구시적인 사람이라고 말한다. 그는 실용적인 스타일이다. 그래서 자칫 형식적인 매머드급 선거 대책 위원회를 구성해 자신의 정치적 영향력을 과시하기보다는 실제 선거 운동을 잘할 수 있는 사람들과 일할 수 있는 체계를 만들기를 원했다. 그래서 자신의 생각이 유권자들과 더 잘 만날 수 있기를 바랐던 것이다.

희망캠프 2는 정말 필요한 일에 맞는 사람들의 능력과 역할을 실용적으로 구성함으로써 명망과 형식에 구애 받지 않는 선거 운동의 한 전형을 보여 준 셈이다.

7. 진화하는 선거 캠프

공간이 선거 운동을 하다

선거 운동 사무실은 선거 운동원들이 실제로 일하는 공간이다. 선거 캠프를 꾸릴 때 선거 운동에 필요한 여러 업무를 구획하여 공간별로 배치하는 것은 중요한 일이다. 특히 상대 후보에게 업무 내용을 노출시키지 않아야 하는 부서는 보안이 중요하다. 그래서 선거 운동 사무실은 대개 부서들 간의 소통보다는 보안에 신경 쓴 폐쇄적인 형태가 많았다. 또한 선거 운동 방식이 선거법의 제약을 많이 받기도 하고, 선거 운동을 진행하는 방식 자체도 후보들 간에 큰 차이가 없어 선거 운동 사무실이라는 것이 기실 비슷한 가구와 시설, 공간구획을 하고 있었다. 따라서 선거 캠프의 규모가 대략 정해진 다음 그에 걸맞은 공간을 마련하고 전문 업체에 의뢰해 대개 하루면 선거 사무실의 꼴을 갖추는 것이 일반적인 관행이었다.

2011년 희망캠프는 선거 운동 사무실을 전혀 다르게 꾸밀 수 있다는 것을 보여 준 첫 사례라고 할 만하다. 일명 '카페형 선거 운동 사무실'로 널리 알려진 캠프 사무실은 선거 운동을 도우려 자발적으로 캠프를 찾는 사람들을 배려하는 공간으로 꾸몄다. 누구나 캠프 사무실에 들어설 수 있고, 사람들이 어떻게 움직이는지 볼 수 있도록 사무실 전체의 공간을 투명한 유리 벽으로 구획했다. 이 작업 때문에 보통 하루, 이틀 걸릴 일을 일주일 가까운 시간을 소비해야 했다. 또 폐쇄적인 후보 사무실을 없애고, 위계적 구조보다는 업무를 중심으로 공간이 배치되도록 신경 썼다. 쓸데없는 데 시간을 낭비한다는 눈총이 따갑기는 했지만 희망캠프의 철학을 공간에 담아내는 것이 중요하다는 교감이 있었기에 무사히 진행되었다. 업무 공간은 상근하는 운동원들의 공간과 자원해서 선거 운동을 돕는 사람들을 위한 공간, 정책과 민원을 제안하기 위해 캠프에 찾아오는 사람들을 위한 카페형 공간으로 나뉘었다. 특히 카페형 공간은 찾는 사람이 많아서 선거 후반으로 갈수록 업무 공간과 뒤섞여 기획단장이나 대변인 등 주요 직책을 맡고 있던 사람들조차도 서서 일해야 했다. 그러나 처음 선거 사무실을 카페형으로 꾸민다고 했을 때, 주위 반응은 그다지 호의적이지 않았다. 게다가 민주당이 결합하면서부터는 모든 인원을 수용하는 것이 도저히 불가능해서 선거법에 맞춰 사무실을 추가로 얻어야만 했다. 그러나 추가로 얻은 사무실은 기존 정치권의 관행대로 꾸며졌고, 쓰고 있던 사무실만 시민 운동

쪽 사람들이 박원순 후보의 새로운 선거 캠페인을 기획하고 집행하는 공간이 되었다.

> '삽살개를 끌고 드나들 수 있는, 카페같이 편안한 분위기, 박원순 캠프'
>
> '젊은이가 오면 경계의 눈초리를 보내는, 회사 같은 곳, 박원순 캠프'
>
> '박원순 선거 캠프는 공간이 유리 벽으로 분리되어 있었다. 한 40대 남성이 큰 삽살개를 데리고 스스럼없이 드나들었다. 생기 있고 활발했으며 젊은 사람들이 많이 보였다. 나경원 선거 캠프는 공간을 칸막이로 나누고 '상황 본부', '선거 전략 회의실', '기자석' 등의 표시를 해 놓아 회사를 연상케 했다. 불편한 느낌으로 다가왔다. 방문객 대부분은 나이 든 남자분이었다.(최진용, 대학생)'
>
> — 《중앙일보》, 2011년 10월 28일

2011년 당시 선거 사무실을 비교한 기사다. 이후 2012년 총선에서는 이에 자극 받은 몇몇 후보들이 희망캠프와 유사한 형태로 선거 사무실을 운영하기도 했다.

2014년 희망캠프 2의 사무실은 2011년보다 더 진화된 형태로 구성되었다. 2014년 선거 사무실은 '코워크(co-work)'에 초점을 맞추어 설계되었다. 게다가 광장 시장 앞에 위치한 곳을 사무실 공간으로 둠으로써 희망캠프 2가 시민들과 함께 호흡하고 있음을 장소를 통해 말하고자 했다. 곧 철거될 예정인 낡은 건물이었지만 이를 그대로 살려 선거 사무실에 맞게 재구성했다. 이는 도시 재생이라는 박원순 후보의 정책 방향과도 잘 어울렸다. 아울러 2011년의 유리 벽은 좀 더 실용적인 투명비닐로 대체되었다.

그러나 막상 희망캠프 2의 선거 사무실이 처음 문을 열었을 때, 많은 사람이 의아해 했다. 공간은 텅 비어 있었고, 낡은 건물의 공간 구조는 효율적으로 일하기 어려워 보였기 때문이다. 사무실 공간에 대해 고민할 때 캠프에서는 홍대 근처의 현대식 건물 대신 이리로 온 것에 대한 불평이 적지 않았다.

처음 공간을 꾸미면서 한숨이 나왔다. 선거 캠프는 일하는 곳인데 꾸미는 일을 며칠씩이나 하고 있으니. 예전에는 '내일까지 세팅하세요.' 하면 될 일이었는데, 매일 보고 있으면 답답해서 한숨만 나오더니 일주일 지나고 나서야 공간이 많이 변했다는 느낌이 왔다. 그 뒤 계속 공간이 형성될수록 이전과 많이 달라졌다. 선거 사무실 1층은 선거 운동에 자원한 사람들로 북적거렸는데 보기 좋았다. 과거의 선거 캠프가 일하는 사람들만의 공간이었다면, 이번에는 사람들이 매일 찾아오고, 그 사람들을 상대하는 것도 자원봉사자들이 스스로 나서서 하는 것이 놀라웠다. 2층에서 1층을 내려다보면 거리 풍경을 보는 듯했다. 정당의 선거 캠프는 양복 입은 남자들이 대부분인데, 남녀노소가 각양각색으로 어울려 있는 모습이 다채로웠다. 캠프가 있는 건물 옥상으로 올라가는 계단 틈에 풀이 자라났는데 누군가 거기에 표시를 해 놓았다. 사람 냄새 나는 디자인이었다. 정당에서 관계자들이 올 때마다 가서 보라고 했더니 그게 표가 되냐고 묻더라. 그러나 그 마음이 표가 된다고 느꼈다. 처음엔 번거롭다고 생각했지만 내가 잘못 생각하고 있구나 하는 성찰의 시간이기도 했다.

— 임종석 총괄기획팀장

공공 미술 하는 분들이나 놀러 온 사람들이 캠프 안팎을 꾸민 것이다. 누구라도 와서 했기 때문에 누가 어떤 것을 했는지도 모른다. 내가 가도 할 게 있구나 하는 자발성을 끌어내는 공간이었다. 사람들이 알아서 서로 연락해 '내가 보니까 이런 게 필요해.' 하고 그에 필요한 사람들을 불러 모아 한 가지씩 만들어 갔다.

— 신은희 팀장

열려 있으면서도 비어 있는 공간이 사람들을 자발적으로 불러 모았고, 이렇게 만난 사람들이 선거 캠페인에 뛰어들었다.

광장 시장 앞의 곧 철거될 건물을 재활용한 캠프는 또 다른 사람들을 불러들였다. 게릴라 가드닝 운동을 하는 사람들이 선거 사무실 앞에 꽃을 두고 가기도 하고, 폐 컴퓨터로 만든 화분을 두고 가는 사람들도 있었다. 연탄재 퍼포먼스를 하는 분은 연탄재를 두고 갔다. 그 어느 것 하나 선거 캠프가 직접 기획한 것은 없었다. 그렇게 모여 든 사람들이 남긴 흔적은 그대로 선거 사무실을 꾸미는 디자인이 되었다.

희망^2
“우리 서울”

캠프는 매일 변해 갔다. 시민들이 찾아와 남긴 각종 정책 제안이 노란 깃발에 담기고, 사무실 벽면에는 각종 낙서와 그림이 선거 막바지에 이를수록 조화를 이뤄 가며 선거 캠프 사무실의 디자인을 완성해 갔다.

선거 캠프를 방문한 이정호 씨는 캠프에서 아무런 직책과 지위가 있지 않았지만 자원 활동가들을 연결하는 남경아 팀장을 만나 필요한 일들을 의논하고 사람들에게 연락해 함께 선거 캠프를 바쁘게 들락거렸다. 시장을 돌아다니며 캠페인을 하겠다는 아이디어를 낸 김용환 씨 역시 사무실 공간 한쪽에 겨우 책상 하나를 놓고 캠페인하는 사람들을 모으고 연락하여 회의를 조직했다. 또 공천에서 탈락해 선거에 나설 수 없는 전직 시의원들도 책상 하나 겨우 들어갈 만한 공간을 나누어 자발적으로 자신들의 조직망을 연결해 아침이면 모여 회의하고 선거 운동하러 나가기도 했다.

희망캠프 2에서는 누구라도 선거 운동에 대한 기획과 참여 방안을 가지고 오면 가능한 한 선거 캠프 안에 공간을 만들어 주려 했다. 그러나 모두에게 그러기는 어려웠다. 워낙 그런 사람들이 많아 공간의 물리적 한계를 무시할 수 없었기 때문이다. 희망캠프 2는 사람들이 마치 스마트폰의 앱처럼 자신들의 선거 운동 프로그램을 기획해 캠프 안에 설치하고 움직인 것이다.

윈스턴 처칠은 제2차 세계 대전으로 무너진 국회의사당을 다시 짓는 자리에서 "우리가 건축을 만들지만 그 건축이 우리를 만듭니다."라고 했다. 공간이 사람들을 변화시키는 힘을 가지고 있음을 통찰한 말이다. 그뿐인가. 구글이 업무 공간을 단지 '노동'만 하는 곳으로 한정 짓지 않고 직원들이 함께 이야기하고 놀 수 있는 공간으로 꾸민 것은 업무에 매이지 않고 자유롭게 생각할 때 창의적인 아이디어가 나온다는 생각 때문이다.

희망캠프 2는 공간을 다르게 바라보려는 눈이 있었기 때문에 사람들을 불러 모을 수 있었다. 기존의 정치권 관행처럼 사람들을 동원하지 않아도 공간이 사람들로 하여금 스스로 일을 찾아 역할을 하도록 만들었던 것이다.

8. 아이들도 찾아오는 선거 캠프

선거는 민주주의 교육의 현장

흔히 선거를 민주주의 교육의 현장이라고 한다. 실제로 중학교 교육 과정에서는 '민주 정치와 시민 참여'라는 단원에서 선거에 대해 다음과 같이 언급하고 있다.

민주 사회에서 정치 과정을 통해 다원적 가치와 이익이 조정되고 있음을 이해하고, 정치 과정에 참여하는 다양한 정치 주체의 역할을 파악한다. 민주주의에서 선거의 의미를 이해하고, 선거의 기본 원칙과 공정한 선거를 위한 제도 및 기관을 탐색한다. 지방 자치 제도를 이해하고, 지역 문제 해결을 위해 시민이 수행하는 정치 활동을 파악한다. 1)정치 과정을 통해 다원적인 가치와 이익이 조정되고 있음을 이해하고, 정치 과정에 참여하는 다양한 정치 주체의 역할을 인식한다. 2)선거의 의미와 특징을 이해하고,

선거의 기본 원칙과 공정한 선거를 위한 제도 및 기관에 대해 조사한다.
3) 지방 자치 제도의 의미와 특징을 이해하고, 지역 사회의 문제를 해결하기 위한 시민 참여 활동을 중심으로 지역 사회의 정치 과정을 탐구한다.

— 교육과학기술부 고시 제2012-14호(별책7)

또 헌법 24조는 "모든 국민은 법률이 정하는 바에 의하여 선거권을 가진다."라고 되어 있고, 국민은 바로 이 권리를 선거를 통해 확인하게 된다. 그러므로 선거만큼 민주주의에 대한 확실한 교육의 장은 없는 셈이다.

그러나 그간 선거 과정에서 보여 준 정치권의 모습은 이런 민주주의 교육의 장으로 삼기에는 부끄러운 점이 많았다. 상대 후보를 깎아내리려는 네거티브 공세, 유권자의 표를 돈으로 사려는 각종 향응, 지키지도 못할 공약 남발 등 선거는 그야말로 상대 후보를 이기기 위해서 수단과 방법을 가리지 않는 추악하고 더러우며 배신이 난무하는 전투의 장일 뿐이었다. 그래서 선거를 민주주의 교육의 장으로 활용하기보다는 오히려 배워서는 안 될 반면교사로 삼곤 했다. 교과서에서 가르치는 내용과 현실은 전혀 다른 것이었다. 실제로 모든 캠프가 그럴 리는 없겠지만 선거 캠프에 대한 인상이 대체로 그렇다는 것은 부인하기 어렵다. 선거가 끝나면 각종 고소, 고발로 분주한 뒷이야기들은 그런 인상을 더욱 확실히 남겨 준다.

검찰은 이번 지방 선거와 관련, 4일 자정 현재 2,111명을 입건(50명 구속)했다. 이 중 222명은 기소, 184명은 불기소 처분을 각각 내렸다. 나머지 1,705명은 수사가 진행 중이다. 선거별 입건자 수는 기초 단체장 선거 관련자가 1,040명으로 가장 많았다. 그다음은 기초 의원(412명), 광역 단체장(339명), 광역 의원(207명), 교육감(111명), 교육 의원(2명) 선거 관련 등의 순이었다. 유형별로는 흑색선전 사범이 700명(33.2%)으로 가장 많았다. 금품 선거 459명(21.7%), 폭력 선거 96명(4.6%), 공무원 선거 개입 94명(4.4%), 불법 선전 66명(3.1%) 등이 그 뒤를 이었다.

— 《연합뉴스》, 2014년 6월 5일

뉴스에 언급된 통계는 상대 후보나 반대자 들이 무차별적으로 고소하거나 고발한 것까지 포함되어 있기는 하지만 이 통계 자체가 4년 전 선거보다 28퍼센트나 증가한 것이라는 점에서 고소, 고발의 남발 자체가 선거 전략으로 이용되었음을 말해주는 것이기도 하다.

그러나 희망캠프 2에는 대학생뿐 아니라 초등학생들까지 선거가 어떤 것인지 보고 배우기 위해 찾아왔다고 하면 아마 믿기 어려울 것이다. 실제로 희망캠프 2에는 초등학생들이 부모나 교사 들과 함께 찾아왔고, 대학생들은 대개 교수가 내 주는 숙제를 하기 위해 찾아왔다. 희망캠프 2에서는 이런 분들을 위해 적극적으로 캠프 투어 프로그램과 가이드를 준비했다.

캠프 사무실 구성이 어느 정도 끝나고 방문객이 늘어나기 시작할 무렵, 캠프 2층에서 내려다보니 1층의 활동이 한눈에 들어왔다. 방문객들에게 캠프의 내부 활동을 전부 보여 줄 수 있다는 생각이 들었다. 2011년에는 캠프의 24시간을 보여 줄 수 있는 웹카메라를 설치해 중계하려고 했으나 시기적으로 촉박해 실행하지 못했던 것이 떠올랐다. 마침 자원 활동팀을 책임진 신은희 팀장이 본격적인 선거운동 전인데도 100명이 넘는 시민들이 찾아와 캠프가 돌아가는 모습을 궁금해 한다는 이야기를 전했다. 그래서 캠프 내 자원 활동가 중에서 투어 가이드를 할 사람 여섯 명을 선발했다. 이 중에는 궁궐 지킴이 활동을 한 분도 있었고, 유아 교육을 하던 분들도 포함되어 가이드에 적격이었다. 초등학교나 중학교에서 찾아오면 단체, 가족, 개인별로 각각의 시나리오를 준비해서 캠프 투어 프로그램에 내실을 기하기로 했다.

캠프 투어 프로그램이 만들어지자 실제로 문의가 많았다. 특히 초등학생과 유치원생 들이 많이 방문했다. 이들이 방문하면 선거 캠프에 대한 소개와 함께 선거와 투표에 관한 이야기, 각자가 바라는 서울 등을 주제로 이야기를 나누었다. 그러고 나서 실제 선거가 진행되는 공간을 눈으로 볼 수 있게 했다. 선거 캠프가 청소년을 위한 실질적인 민주주의 교육의 장이 된 것이다.

캠프 내부에서는 아이들이 유권자도 아닌데 캠프가 바쁘고 복잡한 상황에서 괜한 일을 벌인 것은 아닌가 하는 우려의 시선이 있었다. 그러나 캠프를 찾아온 분들을 살펴보니 특정한 후보의 캠프를 찾아왔다기보다는 새로운 정치 문화를 보여 주는 캠프에 대한 관심도 컸고, 무엇보다 당장은 아니더라도 멀리 보면 이런 경험을 통해 아이들이 선거를 바라보는 생각에 영향을 미칠 것이고 아이와 함께 찾아온 부모 역시 선거에 대한 생각이 바뀔 것이라 생각했다.

— 신은희 팀장

투표일이 가까워질수록 선거 캠프를 방문하는 시민들이 늘어났다. 가장 중심이 되는 메인 홀에는 주말이면 교사나 부모 들과 함께 온 초등학생들이 선거에 대한 이야기를 나누는 모습이 눈에 띄었다. 그뿐만 아니라 아이들은 서울시에 바라는 요구 사항을 노란 리본에 써서 캠프 이곳저곳에 걸어 놓거나 캠프 벽면에 낙서로 남겨 놓았다. 주중에는 캠프 투어 가이드 팀이 방문객과 함께 홍보팀, 일정팀, 법률팀, 대변인실 등을 돌며 설명을 듣는 일도 일상적인 풍경이 되어 갔다. 이런저런 이유로 캠프를 찾는 방문객 수는 하루 1,000명에 가까웠고, 나중에는 도저히 셀 수 없어 포기하고 말았다. 누적 방문객이 2주 동안 1만 명이 넘은 것으로 추산하고 있다.

단언할 수는 없지만 선거 캠프를 선거 교육의 장으로 제공하고 이를 위해 캠프 투어 프로그램을 만들고 가이드를 둔 경우는 희망캠프 2가 최초일 것이다. 만일 선거 캠프가 네거티브 전략으로 상대 후보를 비난하고 인간적 약점을 집요하게 공격하는 일이 중심이 되어 비밀스러운 선거 운동을 하고 있었다면 이런 프로그램을 기획하지는 못했을 것이다. 찾아오는 방문객을 경계하거나 소극적으로 맞이할 수밖에 없었을 것이다. 따라서 선거 캠프의 기조가 어떤 것이냐가 매우 중요했다.

희망캠프가 만들어 가려 한 정치의 가장 큰 가치는 민주적 절차를 통해 후보와 유권자들이 함께 지향하는 서울을 만들어 가는 데 있었기 때문에 유권자들이 언제라도 함께할 수 있도록 배려하고 열린 공간으로 만드는 것이 무엇보다 중요했다. 선거 캠프의 안과 밖이 서로 연결되는 계기가 된 캠프 투어 프로그램은 희망캠프가 지향한 선거와 민주주의의 가치를 보여 주는 상징적인 것이었다. 후보의 득표에 당장 도움이 되지 않는다고 하더라도 이를 통해 선거 과정의 질을 높이고 민주주의 수준을 높일 수 있다면 그 자체로 큰 의미가 있는 것이 아닐까 싶다. 희망캠프 2는 이런 과제를 외면하지 않고 어떻게 하면 숙제로 안고 가야 하는가를 고민한 캠프였다.

9. 혼자 하는 선거 운동, 꿀벌 캠프

개인이 중요하다

희망캠프 2를 상징하는 독특한 선거 운동의 한 전형으로 '꿀벌 캠프'를 꼽는 분들이 많다. 꿀벌 캠프는 간단히 말해 지지자 한 사람 한 사람이 자발적으로 나서서 선거 운동을 하는 것을 말한다. 박원순 후보가 지인과 선거 이야기를 나누다가 실행에 옮기게 된 기획이기도 하지만 시민들의 자발적인 움직임이 핵심인 선거 운동이었다.

선거 운동하기 직전에 정부 산하 기관장을 역임하셨던 분에게서 전화가 온 거예요. 이분이 하는 말이 새누리당은 경선 과정을 TV로 요란하게 보내는데, 제가 아무것도 안 하고 있으니 지지도가 추월당하고 있다는 걱정을 하더라고요. 그래서 한번 만나서 이야기를 나눴죠. 자기가 동생이 둘 있는데, 모두 명문대 나온 대학교수로 강남에서 잘사는 교회 장로이기도 한

데 박원순 후보는 캠프를 언제 꾸리느냐고 물었다고 해요. 캠프를 빨리 꾸리라고. 그런데 막상 캠프가 꾸려지면 자기 같은 사람들은 뭘 할 수 있냐는 거야. 캠프에 실제로 나와서 자원봉사 활동을 할 사람도 정해져 있을 터여서 그런 걱정을 하더라고요. 그런데 이런 사람들이 자기 제자들도 있을 거 아니에요. 정부 산하 기관장도 했으니 거기에 아는 직원들, 친구들 다 있을 거잖아요. 누구나 평생 한 사람이 가진 사단들이 다 있거든요. 캠프 꾸리면 몇 사람이 전략 짜고 이러는 것보다는 자기 삶의 현장에서 가진 네트워크로 할 수 있는 일이 너무나도 많겠다는 걸 깨달았어요. 그래서 그분은 '12사도 모임'이라는 것을 꾸리셨대요. 그래서 그다음부터 주변 사람들에게 각자 캠프를 꾸리면 좋겠다고 했고 그렇게 시작된 것이 꿀벌 캠프예요.

꿀벌은 엄청나게 일을 많이 하잖아요. 그래서 재미있는 캠프가 많이 꾸려졌죠. 아마 잘 모르는 것도 많았을 거예요. 왜냐하면 각자 가지를 치고 확장되어 나갔으니까. 누가 어떻게 선거 운동을 하는지 우리도 파악하려고 했지만 다 파악하기는 어려웠어요. 사실 사람은 평소에 자기가 알고 있는 정보 안에서 선입견이나 고정 관념이 있어요. 그런데 꿀벌 캠프는 포도송이처럼 한 사람이 주변에 막역하게 말할 수 있는 사람이 수십 명은 되잖아요? "이런 사람 떨어지면 되냐? 네가 알아서 주변 사람 조직해." 이러면 또 다른 사람이 열 명 정도 조직하고……. 이런 선거 운동이 어디 있겠어요? 우리가 안 써먹어서 그렇지 알고 보면 사실 가장 고전적인 방법이에요.

— 박원순

희망캠프 2는 이렇게 혼자 선거 운동을 하려는 분들을 돕기 위한 자원 활동가들이 있었다. 누구라도 혼자 선거 운동을 하고자 한다면 활동가들에게 연결되어 필요한 자료를 얻는 방법과 선거 운동할 때 주의하거나 지켜야 할 선거법 등 관련 사항 제반에 대해 이야기를 나누고 독자적으로 선거 운동에 나설 수 있었다.

꿀벌 캠프는 사실 희망캠프 2에서 아주 중요한 기획이었다. 보통의 시민들이 굳이 선거 캠프에 오지 않고서도 기꺼이 선거 운동을 해낸 사례이기 때문이다. 희망캠프 2에서 꿀벌 캠프와 관련된 실무를 총괄하는 일을 담당한 남경아 팀장이 연락한 꿀벌은 2,000명에 달했다.

그렇다면 이전에는 왜 이런 방식의 선거 운동을 하지 않았을까? 실제로 있었다 하더라도 왜 드러나지 않았을까? 특정 후보의 지지자가 자발적으로 선거 운동을 하는 경우는 과거에도 있었는데 유독 희망캠프 2에서 도드라져 보였던 이유는 무엇일까?

과거에는 캠프에서 개인을 지원한다는 것이 부정적인 의미가 컸다. 주로 개인들을 은밀히 만나 돈을 주는 형태가 많았기 때문에 대외적으로는 비밀에 부쳐야 했던 것이다. 개인에게 접근하는 기본적인 의도가 달랐으므로 드러낼 수가 없었다. 그런 면에서 희망캠프가 지향한 시민들과 함께 선거를 만들어 가겠다는 콘셉트는 건강한 정치 문화를 구현하고자 하는 시민들의 바람과 맞아떨어졌기에 순조롭게 진행된 것이다. 아울러 개인이 움직일 수 있는 여건도 과거에 비해 훨씬 좋아졌다. 조직에 매여서 지시 사항을 전달받고 움직이던 때와 다르게 후보에 대해 얼마든지 정보를 알 수 있고, 이를 기초로 후보를 지지할지 말지를 결정할 수 있다.

꿀벌 캠프가 가능했던 가장 큰 이유로는 정보화 시대라는 데 있다. 지금은 과거에 비해 개인이 사회에 미칠 수 있는 영향력의 크기도 훨씬 커졌다. 특히 셀러브리티라고 불리는 사람들의 발언은 실제 그 효과가 눈에 띌 정도다. 쌍용자동차 해고 노동자들의 배상 청구 소송 기금을 마련하고자 하는 노란 봉투 캠페인에 가수 이효리 씨가 동참한 일과 홍익대학교 청소 노동자 사태에 김여진 씨가 참여해 관심을 촉구한 일은 그런 대표적인 예다.

사회적으로 유명한 사람들만 소셜 네트워크에서 힘을 발휘하는 것은 아니다. 정부가 《친일인명사전》을 편찬하기 위한 예산을 편성하지 않자 관련 기사를 읽고 누군가 모금 운동을 제안하자 일주일 만에 억대의 성금이 모였고, 한국 사회를 뒤흔든 촛불 시위도 한 누리꾼의 제안에서 시작된 것이었다. 또 '미네르바 사건'처럼 한 개인이 제공하는 정보를 정부 기관이 제공하는 정보보다 더 신뢰하기도 한다.

이런 환경에서 개인이 자발적으로 특정 후보의 당선을 위해 말하고 움직인다는 것은 실제로 효과가 있는 일이다. 자기 자리에서 관련 정보만 정확하게 확보한다면 선거 캠프에 굳이 올 필요도 없다. 따라서 꿀벌 캠프라는 선거 운동 방식은 변화한 시대에 맞는 것이라고 할 수 있었다. 그래서 희망캠프 2에서는 거리에서 만난 유권자들에게도 즉석에서 꿀벌 캠프의 선거 운동 방식을 소개하고 담당자를 연결해 주었다.

그렇다면 꿀벌 캠프에 직접 참가한 시민들은 어떤 생각을 하게 되었을까?

- 목표를 위해 개인이 힘을 모아 함께 참여할 수 있다는 것을 배웠다.
- 통신 정책을 배우고 선거의 기초 해답을 찾았다. 내 잠재력을 발견했다.
- 시민이 참여하니까 돈도 안 들고 상호 비방이 적어졌다.
- 자발적인 1인 캠프에 적극적으로 참여하니 풀뿌리 민주주의를 배운 것 같다.
- 혼자이지만 혼자가 아닌 끈들이 이어져 세상의 변화를 만들어 갈 수 있다는 것과 같이하면 커다란 결과를 만들 수 있다는 것을 배웠다.

— 꿀벌 캠프 평가 워크숍 자료

꿀벌 캠프는 개인들의 자발적인 참여로 이루어졌다는 점에서 그 효과와는 별개로 의미 있는 시도였다. 특히 변화한 시대에 맞는 방법으로 더 많은 시민이 선거 운동에 직접 참여할 수 있도록 한 점은 높이 평가 받을 만하다. 소셜 미디어의 발전으로 변화한 사회의 흐름과 함께 가야 정치도 변할 수 있다.

10. 열려 있는 회의실

투명함이 보안을 이긴다

데이비드 캐머런 영국 총리는 '다음 시대의 정부(The Next Age of Government)'라는 테드 강연에서 가장 좋아하는 웹사이트로 미국 미주리 주 정부의 홈페이지를 꼽았다. 미주리 주 정부의 홈페이지는 'MAP(Missouri Accountability Portal)'라고 되어 있고, '당신의 세금에 관한 지도'라는 부제가 붙어 있다. 시민이 낸 세금이 어떻게 사용되고 있는지를 알려 주 정부의 예산과 회계의 투명성을 강조하는 사이트인 셈이다.

데이비드 캐머런은 왜 이 홈페이지를 언급했을까? 그는 인터넷과 정보 혁명이 우리 삶에 변화를 가져왔다면서 이런 변화는 정부에도 영향을 미쳐 정부 정책의 투명성과 정보의 공유, 책임성에 주목하기 시작했으며, 그 대표적인 사례로 미주리 주 정부의 홈페이지를 꼽게 되었다고 한다.

과거에는 정부만이 국가 정책에 관한 정보를 가지고 있었고, 선거를 통해 당선된 소수만이 그 정보에 접근할 수 있었다. 그러나 오늘날에는 미국의 미주리 주 정부의 홈페이지처럼 단 1달러라도 정부의 예산이 어디에 쓰이는지를 알 수 있게 되었으며, 이를 바탕으로 더 효율적으로 예산을 사용할 방법을 공유하게 되었다. 캐머런 총리는 투명성으로 인한 정부의 변화는 거대할 것이며, 영국 정부도 일정 규모의 계약에 관한 모든 정보를 공개할 것이라고 공언했다.

이런 이야기가 먼 나라의 일이라고 생각하기 쉽겠지만, 서울시는 이미 그렇게 하고 있다. 서울시 홈페이지에서는 서울시에서 진행 중인 입찰과 계약에 관한 사항 전부를 볼 수 있다.

그렇다면 이런 투명성은 선거에 도움이 될까? 상대 후보와 한 표를 다투는 상황에서 자신의 선거 전략이 알려지면 역으로 공세를 당할 수도 있다. 그래서 선거 캠프는 보안에 극도로 신경을 쓴다. 미처 선거법과 관련 검토를 끝내 않은 자료가 유출되어 마치 선거법에 위반되는 캠페인을 하려 했다는 식으로 상대 후보가 이용이라도 하게 되면 타격이 무척 크기 때문이다.

2011년 보궐 선거 당시 후보 단일화를 위한 협상 과정에서 선거 대책 위원회 수립을 놓고 수많은 이야기가 들려왔다. 대부분 사실이 아니었지만 출처도 알기 어려워 일일이 해명할 수도 없었다. 그런데 이런 상황은 의사 결정이 이루어지는 과정과 그 결정 내용을 함께 일하는 구성원들과 충분히 공유하지 않았기 때문에 발생했다. 선거 캠프 초기에 진행된 주요한 의사 결정 회의가 제대로 공식화되었더라면 이런 일은 줄어들었을 것이다. 물론 사안마다 보안이 지켜져야 하는 범위가 다르므로 그때마다 의사 결정 과정에 참여할 사람들을 정하는 문제로 늘 이견이 있었다. 게다가 회의 소집도 들쭉날쭉했다. 이러다 보니 선거 캠프 사무실은 투명한 구조로 배치했음에도 의사 결정 과정은 투명하게 비춰지지 않았고 온갖 억측이 난무하게 된 것이다.

2014년 희망캠프 2에서는 이런 문제를 중점에 놓고 선거를 진행하고자 했다. 특히 의사 결정 구조와 범위를 어떻게 정할 것인가를 놓고 고심했다. 그런데 우려와 달리 실제 회의를 운영할 때는 자연스럽게 열린 구조가 되어 갔다. 어떻게 그게 가능했을까?

광장 시장에 있던 희망캠프 2 사무실의 방 하나는 총괄 팀장들의 사무 공간이었다. 자물쇠가 있긴 했는데 열린 캠프를 지향한다는 취지에서 늘 열려 있었다. 그래도 초기에는 몇몇 주요 구성원들 외에는 들어가지 못하는 것으로 여겨졌지만 그런 암묵적인 금기는 금세 무너졌다. 그 계기는 사실 우연한 것이었다.

사실 광장 시장에 만들어진 선거 캠프는 많은 사람이 근무하기에는 작은 공간이었다. 선거법상 정당의 선거 캠프는 하나여야 하지만, 기존 정당의 사무실은 사용할 수 있었다. 그래서 당시 민주당의 종로 지역 사무실을 얻어 캠프 인원 일부가 그곳에서 근무하려고

했다. 그러나 공식 선거 운동이 시작된 이후에 가능하다는 해석을 듣고 부랴부랴 종로 사무실로 파견한 팀들을 다시 캠프로 불러들였다. 나간 인원들의 공간은 이미 다른 팀이 사용하고 있어서 결국 두 총괄 팀장이 쓰던 사무실을 내주고 주요 회의를 3층 옥상에 설치한 파라솔에서 하게 되었다. 누구라도 훤히 볼 수 있는 공간에서 일상적으로 필요하고 중요한 회의가 계속되었다. 그렇게 되자 관계자는 물론이고 누구라도 그 시간에 회의가 진행되는 것을 보게 되었다. 특별히 회의 내용을 듣는다고 문제될 일은 없었다. 기우였던 것이다.

이런 회의 관행은 다시 원래 방으로 돌아와서도 이어졌다. 주요 팀장들과 회의하는 모습을 누구라도 볼 수 있고 참여할 수 있도록 열어 놓았다. 숨길 것도, 숨겨야 할 이유도 없어졌으므로 자연스레 억측과 추론은 줄어들었다. 특히 엉뚱한 추론으로 선거 지도부를 비난하는 일이 거의 없었다. 정치권에서 바라본 인사들은 하나같이 이런 선거 캠프는 처음 본다고들 했다.

이런 흐름을 더욱 공고히 하려고 선거가 본격적으로 시작되기 전 두 번에 걸쳐 구성원들과 사전 워크숍을 실시했다. 선거 캠페인에 참여하는 사람 모두에게 선거 운동에 관한 정보를 공유하기로 한 것이다. 첫 번째 워크숍은 세월호 참사로 인해 대폭 축소되었다. 그렇지만 정말 필요한 인원과 함께 선거 캠페인에 참여하기로 한 처음 보는 사람들과도 선거 정보를 공유했다. 두 번째 워크숍은 본격적인 선거 운동에 들어가기 전에 실시했다. 무엇보다 선거 캠페인에 참여하는 사람 모두에게 정보가 공유되는 것이 중요하다고 판단하여 당시까지 준비된 모든 내용을 공유했다. 워크숍에 참여하지 못한 사람들과는 참여한 사람들이 그 내용을 알려 주면서 공유했다. 이후 합류하는 사람들과도 마찬가지 방식으로 정보를 공유했다.

이 두 번의 워크숍은 열린 회의실과 함께 선거 캠프 내에서 정보의 독점에 관한 비판이 나오지 않게 하는 데 큰 역할을 했다. 투명 비닐로 구획된 사무실 공간처럼 캠프의 운영과 의사 결정 과정을 투명하게 했더니 정보의 불균형으로 인한 갈등이 생기지 않은 것이다.

특히 선거 캠프의 모든 스태프가 참여하는 워크숍은 선거 캠프 가운데 희망캠프 2가 처음이었다고 한다.

투명성이 변화를 만들어 낼 것이라는 희망캠프 2의 신념은 선거뿐만 아니라 박원순 시장의 시정에서도 계속 이어지고 있다.

11. 원순씨는 왜 배낭을 멨을까?

낮은 곳에 답이 있다

2014년 서울 시장 선거에서 가장 화제가 된 것은 단연 박원순 후보의 배낭이었다. 배낭을 메고 운동화를 신고 서울 시내를 걸어다니는 박원순 후보의 모습은 통상 후보가 유세차 위에 올라타 마이크를 잡고 큰 소리로 유세하는 모습과는 대조적이었다. 그래서인지 박원순 후보에게 배낭을 메게 한 것이 누구의 아이디어였는지 묻는 사람이 많았다. 물론 출마 선언을 할 때나 시장 상인을 만날 때 배낭을 메는 것이 어떠냐는 스태프들의 아이디어가 있기는 했다. 그러나 선거 내내 배낭을 메고 운동화를 신고 다니겠다는 것은 박원순 후보 자신의 아이디어였다. 왜 굳이 배낭과 운동화였을까?

이미 유세차를 올라탄다는 이야기는 상대방과의 단절을 의미하는 거예요. 사람들이 후보자를 만나서 눈을 마주치고 손을 잡고, 따뜻한 온기를 느끼며 한마디 위로를 받고 격려를 해 주고 이렇게 해야 하는데 유세차에 올라타면 유권자와 멀리 떨어지게 되는 거죠. 그뿐 아니라 또 공해잖아요. 차 위에 올라가서 뭐라고 떠들고 그러는 건 민폐를 끼치는 거죠.

그런데 배낭 메고 운동화 신고 다니면 우선 눈을 마주칠 수 있어 눈높이가 같아지는 거죠. 게다가 대화를 할 수가 있어요. 지나가다 의자에 같이 앉기도 하고. 강남에 한국은행 지점 있죠? 그쪽 지하철 입구는 아침 시간에 주로 출근하는 사람들만 지나가요. 사실 아침의 서울 시민은 너무 힘들잖아요. 자다가 눈 비비고 일어나서 어디 끌려가듯이. 우리나라 노동 생산성이 OECD 국가 중에서 가장 낮아요. 즐거운 출근이 아닌 거죠. 거기다 대고 내가 누구라고 한들 반기겠어요?

그래서 보니까 거기에 김밥을 파시는 할머니 한 분이 있더라고. 출근하는 젊은 사람들 중에는 가끔 나와 사진 찍겠다는 사람이 있어서, 내가 "김밥 할머니 김밥 한 줄 사드리면 사진 찍어드립니다." 이랬더니 할머니 앞으로 줄을 쭉 서더라고요. 그래서 금방 다 팔아드렸어요. 예컨대 이런 접촉이 만들어지는 거죠. 또 강남 어디였던 것 같은데, 지나가다 보니까 한 할아버지가 의자에서 고개를 숙이고 있어요. 이분이 서울 온 지 얼마 안 되는 홈리스더라고요. 어디서 주무시느냐고 물었더니 말을 못하세요.

말하자면 이런 도시의 모든 모습을 평소에는 우리가 못 보잖아요. 이런 과정을 통해 그분들과 엄청난 대화와 교류를 하는 거죠. 어찌 보면 선거운동 기간이 오히려 많은 시민과 접촉할 수 있는 기회죠. 표도 중요하지만 이런 걸 통해서 시민들에게 다가가 많은 대화를 나눌 수 있어요.

— 박원순

박원순 후보는 보궐 선거로 당선된 이후 3년여 동안 현장에 답이 있다며 서울 구석구석을 다니면서 사람들을 만나 이야기를 들었다. 특히 구룡 마을의 개발 방식을 둘러싸고 서울시와 강남구청 사이에 있었던 논란이나 전임 시장 시절 시작되었다 좌절된 용산 재개발 문제와 관련해 주민들과 직접 대화를 통해 문제를 해결하고자 한 일화는 널리 알려진 이야기다. 특히 용산 개발과 관련해 주민들의 의견을 아홉 시간 들으면서 심사숙고한 가운데 서울시, 철도청, 기업, 주민 등이 복잡하게 얽혀 있어 일률적인 개발 천명으로 해결될 문제가 아니라 아주 구체적인 여러 해법이 모색되어야 한다는 결론을 내렸다. 그러자면 한 번이 아니라 지속적으로 주민들과 이야기를 나누어야 한다는 생각으로 담당 공무원을 배치할 것을 약속하기도 했다.

그러므로 박원순 후보가 배낭을 메는 것은 시정을 살피는 일상적 업무 방식을 선거 운동에서도 그대로 이어가는 것을 의미했다. 평소 하던 대로 선거 운동도 한 것이다.

선거는 뭔가 상징을 만드는 게 중요한 것 같아요. 우리는 배낭과 운동화였잖아요. 보궐 선거 때는 바람개비가 상징이었는데, 그것이 아주 성공했

와우산로21길
Wausan-ro 21-gil

는지는 모르지만 그때는 뭔가 변화를 상징하는 그런 건 있었죠. 노무현 대통령이 당선될 때 노란 옷과 노란 저금통이 상징이었던 것처럼요. 그런 뭔가가 있는 게 중요한 것 같아요. 배낭과 운동화를 통해 제가 말하려던 것은 시민의 삶 속으로 들어가야 한다는 것이었죠.

그때 한 여러 가지 고민 중에 이런 것이 있었어요. 걸어서 서울을 한 바퀴 도느냐, 아니면 자전거를 타고 한 바퀴 도느냐. 그러면 또 한쪽에서는 어느 세월에 다 도느냐 이렇게 반론을 펼쳐요. 예전에 노회찬 씨가 서울시장 선거에 나왔을 때 자기가 도는 전철 코스 일정을 미리 알려 줬어요. 그러면 어느 전철역에서 몇 시에 유권자들을 만나는 팬 미팅이 만들어지는 거죠. 말하자면 그런 식으로 뭘 해 보자는 개념이었는데, 계획대로 돌기가 쉽지 않더라고요. 선거라는 게 하도 역동적이고 온갖 일이 생기니까요. 그렇지만 기본은 시민들 속으로 다가가서 공감하고 위로하고 함께 의견을 나눈다는 개념이 된 거죠.

또 이런 방식으로 하니까 저는 선거 운동할 게 없더라니까요. 기존 언론에서는 사진 한 장 내보내 줄 수 있지만 그냥 사람 많이 모이는 데 가면 사람들이 찍어서 올려 주거든요. 그래서 제가 그런 자리에 가면 우선 한 사람이 '사진 찍을 사람' 하고 호객 행위를 하고 그다음에 다른 사람이 "줄 서세요, 줄!" 하고, 또 다른 사람은 "카메라 주세요. 미리 주세요." 이래요. 왜냐하면 빨리빨리 찍어야 하니까 카메라를 미리 달라고 해서 준비하는 거죠. 그리고 또 다른 사람이 줄 서 있는 사람들이 하는 이야기를 듣고 있다가 후보에 대해 얼마나 팬인지 판단할 수 있으니 그분들에게 전화번호를 받아서 꿀벌 캠프에 연결해 주는 거예요. 이게 하나의 시스템으로 작동했어요. 이렇게 다니니까 실제로 많은 분을 만나 이야기를 듣게 됩니다. 관악구 어디에 마을 공동체 같은 게 살아 있더라고요. 서울에 있을 수 없는 아주 시골 분위기 나는 그런 곳이었어요. 그런데 거기 가 보니 수도가 안 들어간 곳이 있더라고요. 서울인데요. 그 후에 수도가 들어갔을 거예요.

— 박원순

희망캠프 2가 추구한 가장 큰 가치는 시민들의 삶 속으로 들어가자는 것이었다. 배낭 메고 운동화를 신고 다니는 이벤트가 중요한 것이 아니라, 시민들의 삶 구석구석을 잘 알기 위해 함께 이야기 나누고 시민들이 느끼는 문제가 무엇인지 듣는 것이 가장 중요한 일이었다. 시민들은 높은 곳에 있는 힘 있는 시장이 아니라 동네에서 흔히 볼 수 있는 '우리 시장님'을 원하고 있기 때문이다.

12. 선거 홍보물을 예술적으로 만들면 안 되나?

아주 작은 것에서도 혁신하라

선거 기간 중 선거 홍보물이 유권자의 시선을 끌기는 어렵다. 선거 홍보물은 선거법상의 규정에 따라 크기와 무게, 종류까지 세세하게 정해져 있어 차별성을 확보하기가 쉽지 않기 때문이다. 그래서인지 기존의 정치권에서는 선거 홍보물을 예술적으로 만들 생각을 아예 하지 않는다.

간혹 화제가 되는 홍보물이 있기도 하다. 선거 포스터에 얼굴을 빼고 다른 상징물을 넣는 경우다. 이런 경우는 상대적으로 잘 알려지지 않은 후보가 자신을 알리기 위해 다소 파격적인 방식으로 기획한 경우다.

2014년 희망캠프 2에서는 선거 포스터에 박원순 후보의 얼굴 사진을 좀 다르게 넣었다. 정면을 응시한 일반적인 사진이 아니라 다른 방향을 보고 있는 사진을 넣은 것이다. 그런데 이를 두고 캠프 내부와 지지자들이 부정적인 평가를 내리기도 했다. 박원순 후보가 파격을 사용해야 할 만큼 인지도가 낮은 후보가 아니라는 것이 이유였다. 그러나 당시 선거 포스터는 파격을 의도한 것이 아니었다. 애초에는 포스터 하나라도 의미를 담아 보려고 했던 것이다. 서울 시민들과 함께 같은 방향을 보고 가겠다는 의미로 얼굴의 방향을 달리 잡은 것이었다. 이 일을 담당한 문호상 팀장은 선거 캠페인 기간 내내 선거법이 정한 규정을 준수하면서도 희망캠프가 추구하는 의미를 담으려고 가장 머리가 아팠던 사람이기도 하다.

이 같은 캠프의 방향은 박원순 후보의 강력한 바람이기도 했다. 2011년 보궐 선거에서 박원순 후보는 선거 홍보물 샘플을 보고 좀 더 예술적으로 만들면 좋겠다는 요청을 했다. 그래서 캠프 관계자들은 기존의 홍보물보다 좀 더 업그레이드된 홍보물을 만들기 위해 노력했지만 특별한 반응을 이끌어 내지는 못한 것으로 평가했다. 오히려 이런 시도가 선거 운동원으로 나선 자원 활동가들로부터 많은 지적을 받았다. 특히 현수막의 경우 다른 후보들에 비해 글자가 잘 드러나지 않는다는 것이었다. 보궐 선거 당시 첫 번째로 내건 현수막은 과거 다른 현수막보다 디자인 요소가 더 많이 들어갔지만 다른 현수막에 둘러싸이는 순간 현수막 본연의 기능을 하지 못했다. 실제로 출퇴근하며 살펴본 박원순 후보의 현수막은 눈에 잘 띄지 않았다. 결국 두 번째 현수막은 기존 선거에서 사용하던 대로 게시했다. 선거 홍보물에 디자인적인 요소를 가미해 선거 문화를 업그레이드해 보려던 시도는 그리 성공적이지 못했던 셈이다.

2014년의 경우에는 현수막의 제작 방식을 달리해 보려는 시도가 있었다. 현수막을 시민들이 직접 참여해서 제작하는 콘셉트였다. 생태적 관점에서 새로운 시도를 해 보자는 제안도 있었다. 그러나 제작 비용과 과정이 선거법상의 규정에 위배될 소지가 있다는 법률팀의 판단을 감안해 실제로 진행하지는 못했다. 이 같은 과정에서 캠프 내부에서는 변화의 여지가 적은 홍보물에 대해 지나치게 고민한다는 지적도 있었다.

그러나 희망캠프의 모든 시도가 성공적이지 못했던 것은 아니다. 2014년에는 명함을 만들지 않아서 비교할 수는 없지만, 2011년 선거에서 많은 사람의 관심을 끈 대표적인 홍보물은 바로 후보의 명함이었다. 명함에 배경으로 들어간 사진이 후보인 박원순의 사진이 아니라 박원순 후보가 어느 시골 평상에 앉아 마을 어르신과 이야기를 나누는 듯한 장면이었다. 이 명함에 담긴 사진이 후보의 정체성을 잘 드러냈다는 평가가 많았다. 그 사진은 사진작가가 의도해서 찍은 것이 아니었다. 박원순 후보가 보관하고 있던 사진 중에서 골라 넣은 것이었다. 당시 사진 속의 어르신은 이미 돌아가신 상태였고, 우연히 그분의 손자 부부가 연결되어 짧은 시간이지만 희망캠프에서 자원 활동을 하기도 했다.

선거 홍보물을 기존의 홍보물보다 디자인적으로 더 낫게 만들려면 그만한 품이 들어가게 마련이다. 이를 전문가에게 의뢰하면 그만큼 비용이 더 들고, 전문가들이 재능기부를 한다 해도 선거법상 어려운 일이다. 또 선거법상의 규정에 따르다 보면 실제로 변화의 여지가 많지 않다. 게다가 유권자들은 비슷비슷한 홍보물의 홍수 속에서 누구의 정치가 어떻게 다른지 적극적으로 구별하려고 하지 않는다.

선거 홍보물을 디자인적으로 업그레이드하려 한 희망캠프의 노력이 좋은 호응을 얻지는 못했지만 홍보물 하나에도 정성을 담아 선거 운동의 문화를 바꿔 보려고 한 점은 재고해 볼 만하다. 물론 선거 홍보물의 변화가 곧바로 정치 문화의 변화로 이어지는 것은 아니다. 하지만 이런 작은 변화에도 다른 정치를 만들어 가려는 노력을 담으려는 마음이 나중에 더욱 큰 싹을 틔우게 될지도 모른다. 언젠가 선거법상의 까다로운 규정을 넘어 유권자들에게 홍보물로 새로운 정치 문화를 보여 줄 날을 기대해 본다. 혁신은 그렇게 작은 시도에서부터 시작되는 것이기 때문이다.

13. 유세차 없는 유세

개인 미디어를 믿다

선거 운동에서는 후보의 패션도 전략이다. 시장에 갈 때의 옷차림과 기자 회견장에서의 옷차림, 노동 현장에 갈 때의 옷차림이 모두 다르다는 것은 후보를 관심 있게 지켜보면 알 수 있다. 간혹 후보들이 구두 대신 운동화를 신는 경우가 있다. 열심히 뛰겠다는 의지를 표현하는 것일 게다.

박원순 후보도 운동화를 신었다. 그런데 박원순 후보가 운동화를 신은 이유는 좀 단순했다. 선거에 임하는 의지를 표현하기보다는 많이 걸어 다녀야 해서 택한 것이다. 희망캠프 2가 유세차를 이용한 선거 유세를 하지 않기로 한 큰 틀의 전략에 기초해 후보가 걸으면서 유권자들을 만나기로 했기 때문이다.

사실 선거의 꽃은 유세라고들 한다. 역사상 선거에서 회자되는 유세들이 있다. 이승만의 장기 집권에 반대한 신익희 후보의 한강 백사장 유세, 유신 독재를 예언한 김대중 후보의 효창 운동장 유세 등이 그렇다. 특히 김대중 후보의 유세는 선거 운동사에 남을 만한 의미 있는 유세였다.

유세는 단순히 유권자들에게 후보의 정치적 입장을 전하는 데 그치지 않고, 실제로 판세에 영향을 끼치기도 한다. 개인적인 경험을 끄집어내자면, 1992년 총선에서 민중당 후보로 나온 전희식 씨를 도운 적이 있다. 아무리 해도 인지도가 올라가지 않던 전희식 후보가 합동 유세장에서 연설하는 모습을 지켜본 유권자들 사이에서 '그 사람 참 똑똑하더라' 하는 이야기가 돌면서 인지도가 상승했다. 특히 과거에는 학교 운동장 같은 곳에서 합동 유세를 하면서 후보들 간에 연설로 경쟁하는 것이 가장 중요한 선거 운동이었기 때문에 유세 기획단이 아주 중요한 역할을 했다.

그러나 이 같은 합동 유세 현장에서 금권과 관권을 경쟁적으로 동원하는 폐해가 커지자 합동 유세를 폐지하고 유세 차량을 동원한 개별 유세 형식으로 바뀌었다. 그렇지만 정치권에서는 대규모 유세가 중요하다는 인식이 계속 남아 있어서 선거 운동 막바지에 한 번 이상은 대규모 유세를 꼭 기획하곤 했다. 서울 시장 선거나 대통령 선거 등에서 주말유세나 '광화문 총집결' 같은 구호가 낯설지 않은 것은 그런 이유에서다.

2011년 보궐 선거에서 유세의 개념을 바꾸기 위한 노력을 해 보지 않은 것은 아니다. '경청 유세'라는 이름으로 후보의 일상적 이동과 접촉에 개념을 부여해서 유권자들의 이야기를 들었던 경우나, 타운홀 미팅 방식을 통해 유권자들과 대화할 수 있는 장을 마련하려고 했던 시도들이 있었다. 희망캠프는 기존의 유세 방식을 탈피하려고 했지만 정작 본 선거에 들어가서는 민주당이 선거 운동을 이끌면서 유세 차량을 쓸 수밖에 없었고, 집중 유세를 할 수밖에 없었다. 당시 대부분의 야당조차도 유세 차량을 빼놓은 선거 운동은 전혀 상상하지 않았다. 시민 운동 진영도 다르지 않았다.

그러나 2014년의 선거에서는 세월호 참사 이후 요란한 선거 운동은 자제해야 한다는 공감대가 형성되어 이 같은 시도를 제법 수용했다. 물론 유세차를 쓰지 않는 전략에 대해서는 정당 쪽 관계자들이 끝까지 반대하기는 했지만 결국 합의를 이뤄 낼 수 있었다. 다만 이동형 버스를 한 대 마련해 캠페인 참여자들이 독자적으로 유세하는 수단으로 삼도록 했다. 선거 막바지에 박원순 후보가 한 번쯤은 버스에 올라타 유세하리라고 기대한 사람도 많았지만, 박원순 후보는 끝까지 걸어 다니는 것으로 선거 운동을 마무리했다. 물론 버스도 별도로 제몫을 했다. 마치 국가 대표 축구 선수들이 탄 버스에 온갖 낙서가 가득하듯이, 이 버스 역시 서울 시민들의 바람이 가득 적힌 홍보 차량이 되었던 것이다.

대형 유세도 없애자고 했어요. 그런데 실제로 해 보니까 사람들이 세상 바뀐 걸 모르는 거야. 지금 민주당이 세상 바뀐 걸 좀 알아야 하는데, 사람들이 유세차나 대형 유세를 해야 표가 모일 것이라고 생각하는데 전혀 그렇지 않아요.

요즘은 누구나 카메라를 들고 있잖아요. 누구나 기자라는 사실을 알아야 하는 거죠. 사회적으로 미디어의 상황과 구조가 완전히 바뀌어 버린 거예요. 신촌에 차 없는 거리가 있잖아요. 거기 가니까 사람들이 사진 찍자고 야단이에요. 그래서 사진을 찍으면 그 사람들이 다 자기들 페이스북이나 트위터로 올려서 자랑하잖아요. 그러고 나서 구로디지털 역에서도 사진을 찍는데 어느 중년 부인이 오더니 오전에 신촌에서 딸이 사진을 찍어서 보내 줬다는 거예요. 그래서 자기도 그걸 보고 찾아왔다고 했어요. 이렇게 움직이는 세상인데 광장 같은 데서 사람들 동원하려고 하면 당원 아니면 안 오거든요. 또 그 모습을 본 사람들은 그냥 지나가고요. 그리고 거기서 막 떠들고 그러면 다 욕하죠. 정치인이 그다지 호감받는 존재가 아니거든요. 그러니까 지금까지의 선거 운동이라는 것은 표 떨어질 일을 한 거죠.

구청장이나 시의원 선거 때 보면 이분들이 꼭 그런 식으로 해요. 재래시장은 왜 그렇게 가는지 모르겠어요. 재래시장 그 좁은 골목에 20~30명이 지나가면 장사하시는 분들이 힘들잖아요. 그렇다고 물건을 사 주길 하나 그런 것들이 계속 신경이 쓰이는 거예요. 그래서 캠프 사람들한테 가능하면 물건이라도 몇 개 사 드리라고 이야기하고, 눈 마주치고 죄송하다고 하라고 이야기하고 다녔어요.

— 박원순

현재의 선거법은 선거 운동이 창의적으로 발전할 가능성을 가로막고 있다. 선관위가 아주 구체적인 방법 몇 가지로 선거 운동을 한정하고 있기 때문이다. 사람들이 소통하고 행동하는 방식과 사회적 인식 변화에 맞는 창의적 방식으로 선거 운동을 하려면 기존의 선거 운동을 포기해야 했다. 그래서 희망캠프 2에서는 논란이 있었지만 과감하게 기존의 선거 운동에서 가장 중요하다는 유세차를 포기했다. 단순히 요란한 선거를 피하고 싶어서가 아니라 과거의 홍보방식이 작동하는 시대가 아니라는 사회적 변화에 대한 인식이 있었기 때문이다.

미디어 환경의 변화는 '개인'을 부각시켰다. 스마트폰은 새로운 미디어 매체가 되었고, 트위터나 페이스북 같은 새로운 플랫폼은 이러한 개인들을 연결해 거대한 미디어로 확산하는 데 결정적인 역할을 하고 있는 것이다. 희망캠프 2가 단순히 낭만적이고 감성적인 이유로 배낭과 운동화를 고집한 것이 아니라, 시대 변화에 대한 적극적인 인식이 있었기에 유세차를 버릴 수 있었던 것이다.

14. 브랜드가 된 선거 캠프

선거 캠프의 이름을 짓다

사람이든 사물이든 대상을 지칭할 때 이름을 사용한다. 동서양을 막론하고 이름에 의미를 부여하고 중요하게 여기는 것은 다르지 않아 보인다. 오죽하면 성명학이라는 학문이 있겠는가?

간혹 옛 사진을 보면 선거 대책 위원회의 현판을 거는 장면이 있다. 그만큼 선거에서 캠프의 이름은 중요하다고 여겼기 때문일 것이다. 선거 대책 위원회의 이름은 대개 그 당과 후보의 이름을 붙여서 만든다. 박원순 후보 같으면 '새정치연합 박원순 서울 시장 후보 선거대책위원회' 뭐 이런 식으로 했을 것이다. 이 이름으로 알 수 있는 것은 박원순이라는 사람이 새정치연합이라는 정당의 소속이고 서울 시장 선거에 출마했으며 그를 위한 선거 운동을 하는 조직이라는 것 정도다. 대부분의 선거 캠프는 이런 식의 이름으로 현판을 달았다. 조금 다른 경우라면 후보의 성격을 보여 주는 '민중 후보 ○○○', '시민 후보 ○○○' 같은 식의 이름을 건 캠프도 있었다.

2011년 보궐 선거를 준비하면서 기존의 관행대로 재미없는 이름을 사용하면서 선거 운동을 해야 하나 하는 소박한 의문이 들었다. 어디 소속이고 무슨 선거에 나온 사람이라는 것은 알겠는데 왜 출마한 것인지는 알 수 없는 이름이라는 생각을 하게 되었다. 더구나 당시 박원순 후보는 정당 소속이 아니어서 '박원순 서울 시장 후보 선거 대책 위원회'라는 아주 밋밋하기 짝이 없는 간판을 달아야 할 처지였다. 그래서 박원순 후보의 출마 이유를 담은 이름이 필요하다는 생각을 하게 되었다.

이미 몇 년이 지난 뒤여서 당시의 논의 과정을 정확히 기억하지는 못하지만 아직 공식 조직이 발족하지 않은 상태에서 기획안에 '새로운 서울을 위한 희망캠프(가칭)'라는 이름이 올라 있는 것을 보면 이러한 문제의식은 처음부터 논의되었던 것 같다. 초기에 상근 스태프로 합류하기로 한 20여 명의 사람들이 함께 모여 세 가지 안을 놓고 논의해 만든 새로운 이름이 '희망캠프'였다.

이렇게 이름을 지은 이유는 첫째, ○○○선거 대책 위원회라는 이름은 후보의 이름만 드러나지 그 선거 캠프가 추구하는 정치의 방향을 알 수 없었다. 따라서 선거 캠프가 무엇을 하려고 하는지가 이름에 드러나야 했다. 둘째, 이것이 향후 박원순 후보가 꾸린 캠프의 선거 운동을 상징하는 이름이 될 수 있으면 좋겠다는 생각이었다. 당시 기획안을 살펴보면 박원순 후보는 무소속 시민 후보로 기존의 제도권 정치인이 아니라는 점이 중요했다. 당시 서울 시민은 '안철수 현상'이라고 불릴 정도로 안철수 씨에 대한 관심이 뜨거웠고, 그 관심의 핵심은 기존 정치와 다른 정치를 보여 줄 사람에 대한 지지와 성원으로 읽혔다. 이는 박원순 후보가 서울 시장 후보로 나선 이유이기도 했다. 기존 정치에 실망한 유권자들의 갈망에 답하기 위해 출마를 선언했기 때문이다. 따라서 유권자들의 기대에 답함으로써 새로운 희망을 만들어 가겠다는 약속이기도 했다. 그래서 캠프의 이름에 새로운 서울과 희망이라는 단어를 넣어 '새로운 서울을 위한 희망캠프'라고 했다.

처음에는 이러한 이름에 모두 낯설어했고, 진짜 이름이 될 수 있으려나 하는 생각도 있었지만, 약칭 '희망캠프'라는 이름은 이전의 선거 캠프를 표현하는 방식과는 확실히 다른 것이었다. 지금 돌아보면 희망캠프 시즌 1이라 할 만했다. 이후 총선이나 대선에서 많은 출마자가 캠프의 이름을 짓기 시작했다. 정동영 전 의원의 '정통 캠프', 심상정 의원의 '인지상정 캠프', 문재인 의원의 '담쟁이 캠프', 안철수 의원의 '진심 캠프' 등이 그것이다. 여러 후보가 캠프의 이름을 지었던 것을 보면 희망캠프의 이런 문제의식이 기존 정치권에 긍정적으로 받아들여져 선거 문화가 바뀌는 데 조금은 기여하지 않았을까 싶다.

15. 팬클럽들

수많은 원순씨는 어떻게 가능했나?

팬클럽은 언제부터 시작되었을까? 연예인의 경우 1970년대 남진, 나훈아 같은 대중 가수도 무시할 수 없다고는 하지만 이른바 오빠 부대의 형태로 모여든 것은 1980년대 조용필이 최초가 아닐까 싶다. 요즘과 같은 팬덤 문화의 형태는 서태지와아이들을 빼놓고 생각하긴 어렵다. 특히 서태지와아이들의 경우 공식 팬클럽은 없었지만 팬들의 자발적인 활동이 여기저기서 꾸준히 있었다는 것이 이전 팬 문화와의 차이라고 할 수 있다. 서태지를 '문화 대통령'이라 부를 정도로 당시 서태지 팬들의 활동은 적극적이었다. 특히 서태지와아이들의 4집 앨범이 공연 윤리 위원회로부터 방송 불가 판정을 받자 팬들은 이 위원회를 폐지하자는 운동을 했고, 결국 공연 윤리 위원회는 폐지되었다.

이러한 팬문화의 위력을 실감한 기획사들은 아이돌 그룹의 원조격이라 할 'H.O.T.' 같은 경우부터 공식 팬클럽을 운영하기 시작했다. '빠질'이라 부르는 맹목적 지지도 있지만 일종의 문화 소비자 운동의 성격도 있고, 동세대들의 문화 현상이기도 해서 팬클럽의 문화적 중요성은 쉽게 간과하기 어려운 시대가 되었다.

정치권에도 이런 팬클럽이 등장했는데, 바로 노무현 전 대통령을 지지하는 '노무현을 사랑하는 사람들의 모임(노사모)'이 그 시작일 것이다. '노사모'는 2000년 무렵부터 본격적인 활동을 시작했고, 특히 인터넷의 확장과 더불어 크게 성장했다. 노사모는 기존 정치권의 조직 기반이 없던 노무현이라는 정치인을 대통령으로 만드는 데 결정적으로 기여했다. 노무현 대통령이 2000년 4월 총선에서 지역주의 타파를 내걸고 부산 강서 을에 출마했다가 낙선하자, 이를 안타깝게 여긴 누리꾼들이 인터넷상에서 '노사모'라는 이름으로 하나둘 모여들기 시작한 것이다. 이 모임은 2002년 대선에 아주 커다란 네트워크를 만들어 활동하게 된다. 이후 박근혜 대통령의 '박사모'나 정동영 의원의 '정통' 등이 팬클럽 형태로 존재하는 흐름이 만들어졌다.

그 이전 정치인들의 팬클럽을 따지고 보자면 김대중 전 대통령이나 김영삼 전 대통령처럼 아주 확고한 정치적 지지 기반이 있었던 것을 예를 들 수 있다. 일종의 비공개 조직이었는데 그 조직을 그분들의 정치적 삶과 떼어 놓고 생각하기는 어렵다. '연청'이니 산악회니

하는 조직들도 그랬다. 그러나 이런 조직의 경우 대체로 정치인이거나 정치와 관련을 맺고자 하는 사람들이 대부분이어서 일반 시민의 순수한 팬클럽과는 큰 차이가 있다.

2014년 서울 시장 선거에 출마한 박원순 후보도 팬클럽이 있었다. 이 팬클럽은 기존의 팬클럽과는 조금 다른 모습을 보였다. 그런데 2014년 선거에는 독특한 현상이 하나 있었는데, 선거 캠프에 아예 나타나지도 않은 사람들이 선거 캠페인을 하고 있었다는 것이다. 새정치연합의 지역 사무실은 물론 희망캠프 2의 어떤 회의에도 참석하지 않은 사람들이었다. 꿀벌 캠프로 연결된 것도 아니었다. 그들끼리 독자적으로 행사를 기획하고 프로그램을 진행하면서 후보에게 일정이 맞으면 와 달라고 연락해 오는 정도였다. 대체로 그들은 박원순 후보의 팬클럽을 자처했다.

박원순 후보의 팬클럽들은 존재하기는 하지만 일상적인 조직의 형태를 띠지 않았다. '카카오톡', '페이스북', '트위터'의 머리말을 딴 '카페트'라는 소셜 미디어를 매개로 연결되어 있기는 하지만 조직적 형태로 활동하지는 않았다. 특히 선거 캠프와는 아무런 관련 없이 자발적으로 선거 운동을 한 대학생들도 있었다. 서울의 10개 대학에서 자발적인 모임이 만들어졌는데, 이화여대생들이 꾸린 '원순씨 이대로', 건국대생들이 만든 '박원순과 함께 서울을 건국' 같은 재기발랄한 이름을 지어 활동했다. 대학생뿐 아니라 '박원순을 지지하는 여자들 모임'이 있었고, 소셜 클럽 같은 사회적 경제 영역에서 일하는 사람들의 모임, 페이스북에서 각자 자발적으로 연결된 모임 들이 오프라인에서 실제로 만나 기획하는 등의 활동을 했다.

특히 청년들의 팬클럽 모임이었던 '넥스트 서울'의 경우 누구에게나 모임을 오픈하고 선거 운동을 준비하는 기간부터 공식 선거 운동 기간까지 10여 차례 모여 활동을 의논했는데, 평상시에는 각자 활동하다가 일주일에 한 번 모임을 가졌다. 이 모임은 점점 참가자가 늘어나서 회의하는 것이 힘들었음에도 불구하고 늘 다수가 모여서 회의하고 공유했다. 운영진이 따로 있는 것이 아니라 각자에게 주어진 일을 다음 주에 모여서 다시 확인하는 방식으로 활동을 이어갔다.

이들은 '원순 위크 콘퍼런스'라는 이벤트를 주로 열었는데, 서울 시내 곳곳에서 티 파티 같은 형태로 모여 참가자 각자가 생각하는 서울의 미래를 제안하고, 그중 박원순 후보에게 제안할 내용을 정리해서 전달했다. 후보 없이 지지자들끼리 토론하는 팬클럽 모임이었던 셈이다. 처음에는 청년들이 중심이 되어 이루어진 모임이 점차 거의 모든 세대를 아울렀다. 박원순 후보가 이들의 제안을 직접 듣지는 못했지만 나중에는 스마트폰의 페이스타임이라는 화상 전화를 이용해서 소통하기도 했다.

이 팬클럽은 재미있게도 '박원순 팬들이 하지 말아야 할 행동 10가지'와 '해야 할 행동 10가지'를 정해 놓고 공유했다. 기존의 일부 정치인 팬클럽이 단지 회원들을 동원 대상으로 취급하던 인식에서 벗어나 한 걸음 더 진화한 형태로 운영한 것이다. 선거 전 마지막 주말에는 함께 모여 배낭 캠페인을 했다. 세대별로 모여서 박원순 후보의 정책에 대한 토론을 하고, 제안할 것을 정리했다.

보통 팬클럽은 후보가 중심인데 이번에는 서울의 미래라는 가치가 중심에 있었다. 언제든지 박원순 후보가 잘못했을 때 건강하게 비판할 수 있다는 것이 중요했다. '빠'처럼 행동하는 것은 불편하게들 여겼다. 그래서 각자 돈도 내고 재능에 맞게 선거 캠프와는 별개로 독립적으로 활동했다. 박원순 후보에 대한 정보는 온라인을 통해 모두 얻었다.

— 김성환(넥스트 서울)

박원순 후보의 소셜 미디어를 통해 일상적으로 연결된 사람들이 선거 캠프에 나타나지 않고도 박원순 후보에 대한 정보를 공유하고 각자 할 수 있는 방법으로 선거 운동을 했지만, 단순히 그냥 '지지해 주세요' 하는 차원은 아니었다. 유권자로서 박원순 후보가 지지할 만한 정책 내용을 가지고 있는지 함께 이야기하고 이를 바탕으로 후보에게 더 제안할 것이 있는지까지 논의하는 방식의 캠페인이었다. 선거 캠프에 굳이 나타나야 할 이유가 없었던 셈이다. 꿀벌 캠프도 유사했지만 캠프와는 소통하고 있었다는 점에서 팬클럽과는 차이가 있었다.

팬클럽 활동은 도시락데이, 영화감독과의 만남, 웹툰 작가와의 만남 등 200여 개 모임이 제안되었다. 이렇게 많은 모임이 가능했던 것은 서울 시정 3년 동안 박원순 후보가 보여 준 신뢰가 밑거름이 되었을 것이다. 이런 활동은 기존의 정치권에서는 전혀 볼 수 없던 현상이었다.

기존 정당의 선거 활동 방식의 캠페인보다 정당의 틀을 넘어선 사람들의 자발적 캠페인은 후보의 정책에 대한 지지와 함께 그간 서울 시장으로서 행정을 통해 보여 준 신뢰, 일상적으로 소셜 미디어로 소통한 모든 것이 있었기에 가능했을 것이다.

16. 원순씨의 공약

공약을 시정에 반영하다

매니페스토(manifesto) 운동이란 것이 있다. 매니페스토는 증거, 증거물이라는 뜻의 라틴어 마니페스투스(manifestus)란 어원을 가지고 있다. 우리말로 하면 '공적인 선언' 같은 의미를 지니는데, 대표적인 예로 핵에 반대한 '러셀-아인슈타인 선언', 오픈소스 운동으로 유명한 리처드 스톨만의 'GNU 선언', 사회주의 운동의 효시라 할 '공산당 선언' 같은 것이다. 점차 정당 정치 혹은 선거와 결합하면서 공약을 남발하지 않고, 유권자들에게 자신이 내건 공약을 지킬 것을 약속하는 운동이 되었다. 1835년 영국 보수당 의원이었던 로버트 필이 자신의 선거구 이름을 걸고 제안한 'Tamworth Manifesto'가 시작이라고 알려져 있다. 이후 영국 노동당의 토니 블레어가 '매니페스토 10대 정책'을 내걸고 집권에 성공했고, 2003년 일본에서도 가나가

태양광 발전기
심야 택시 잡기

와 현 선거에서 마쓰자와 시게후미 후보가 매니페스토 37가지를 공약하며 당선되었다. 우리나라의 경우도 정치인들의 공약 남발과 번복이 빈번한 정치 문화를 개혁하고자 하는 의미로 2005년에 한국매니페스토실천본부가 만들어졌다.

요즘은 선거 때 정치인들이 하는 공약을 매니페스토 운동을 하는 시민 단체들이 모니터하여 시기별로 발표하고 임기 동안 그 공약을 얼마나 수행했는지 유권자들에게 알려 준다. 이런 활동이 없으면 유권자들은 임기 내내 당선자가 공약을 지키는지 확인하기 어렵다. 현실에서 공약은 대개 '빈말'에 불과하다. 정치가 정상적이지 않은 것이다.

박원순 후보는 시장이 되어 자신의 공약을 아예 전광판처럼 만들어 보여 주고 있다.

사실 저는 그렇게 요란하게 하는 것이 아니에요. 늘 시민들의 삶을 살피고, 혁신하고, 뭔가 정상 궤도에 올리고, 미래의 비전을 고민하고, 이런 것은 열심히 했지만, 시민들에게 영합하기 위해 마음에도 없는 큰 사업을 벌이지는 않았단 말이에요. 그런데 언론은 전부 내 편이 아니고, 온갖 조직적인 음해가 만연한 상황에서 시민들이 그걸 알아 줄까 하는 고민이 없지 않았죠. 그런데 결과를 보면 시민들은 다 알고 계셨던 거잖아요. 물론 우리 나름대로는 지금의 시대정신이 거대한 토목 공사나 눈에 보이는 랜드마크를 만드는 데 있는 것이 아니고, 아주 소소한 삶의 행복을 찾는 흐름이라는 것은 파악하고 맞추려고 했지만, 막상 선거에서는 사람들이 만날 와서 이야기하는 것이 '한 방'이었어요. 그런데 나는 그런 거 없었잖아요. 선거 공약에도 없었어요. 그런데도 시민들이 이렇게 지지한 것은 다 알고 있다는 이야기이거든요. 상대 정당이 만만한 상대가 아니잖아요. 그래서 나 자신을 반성했죠. 시민들을 충분히 신뢰하지 못했구나 하고요. 지금도 현장에 가 보면, '우리 시장님' 하고 부르는 분이 많으시거든요. 그게 사실 아무렇게나 나오는 말이 아니잖아요. 그냥 '시장님' 이럴 수는 있지만요.

— 박원순

선거 때는 행동도 일상적인 행동과 다르다. 경로당에서 큰절은 어느 후보나 똑같이 할뿐더러, 시민들에게 '폴더 인사'는 기본이다. 그런 겸손한 태도가 유권자들에게 공약을 반드시 지킬 '머슴'처럼 보이는 태도라 굳게 믿기 때문이다. 또 유세차량에 올라 마이크를 들고 자신이 어떤 사람인지, 어떤 정책을 펼 것인지 반복적으로 이야기한다. 대부분 자신을 '믿을 수 있는 사람', '공약을 실천할 힘이 있는 사람', '언제든 만날 수 있는 겸손한 사람'이라고 말한다. 그러나 선거가 끝나고 나면 당선자를 만나기도 쉽지 않고, 공약은 번복되기 일쑤지만 왜 그렇게 되었는지 설명조차 듣기 어렵다. 선거 때 본 겸손한 태도는 다음 선거 때에나 다시 볼 수 있다.

이런 정치 풍토에 비추어 보면 박원순 후보의 일관성 있는 행동이 오히려 낯선 것인지도 모른다. 2011년 유세에서 처음 도입한 '경청 투어'와 '타운홀 미팅'은 서울 시정에서 '정책'으로 발전시켜 계속 되고 있다. 포스트잇은 시장실의 디스플레이용이 아니라 '천만상상 오아시스'라는 온라인 정책 제안 사이트와 매년 가을에 진행하는 '서울시 정책 박람회'로 발전시켜 지속하고 있다. 특히 박원순 후보는 시장이 된 후 일상적으로 공무원들에게 '늘 시민들을 만나라', '이야기는 반드시 들어라' 하고 주문하기 때문에 오히려 공무원들의 부담이 크지 않을까?

공무원들이 좀 익숙해진 것 같아요. 사실 내가 칭찬 받는 일이 많아졌어요. 너무 잘해 줘서 고맙다는 메일이 심심찮게 오는데 심지어 손편지로도 와요. 최근에는 해외로 이민 가신 분한테서 감사 편지가 한 통 왔어요. 10년 전인가 국가에서 주는 보상금이 있었는데, 공무원 입장에서는 굳이 찾아 주지 않아도 되는 귀찮은 일임에도 불구하고 그걸 끝까지 찾아 전화를 해 줘서 눈물이 났다고 하더라고요. 시장님 행복하신 줄 알라는 내용의 편지였어요. 그래서 그 주무관 이름을 알아보고 칭찬했지요.

또 2011년 연말에 '무박 2일 희망온돌 프로젝트'라는 이름으로 지역을 돌다 보니 사업이 망해 집을 내주고 갈 데가 없어서 애들 데리고 모텔에서 사는 사람들이 있다는 이야기를 들었어요. 모텔이 주거 공간은 아니잖아요. 그런 곳에서 아이들을 데리고 산다는 게 말이 안 된다고 생각해 실태를 파악해 보라고 했어요. 그러고 나서는 다른 일이 수없이 많으니까 저는 잊고 있었어요. 그런데 어느 날 어느 학교의 여선생님이 페이스북으로 인사를 하면서 '서울시 참 고맙다'라고 하는 거예요. 알아보니 학교로 그런 아이들이 있으면 알려 달라는 공문이 왔다는 거예요. 마침 자기 반에 그런 아이가 있어서 추천했다고 하더라고요. 나중에 확인해 보니 그런 아이들 서른 몇 가구가 확인되어 전부 공공 임대 주택으로 임시 주거를 다 제공했어요. 그 공무원이 내 말을 듣고 서울시내 전체 숙박업소와 학교에 공문을 보낸 거죠. 얼마나 대단한 공무원이에요.

— 박원순

선거 캠페인에서의 행동과 공약이 시정에 그대로 반영되면서 공무원과 시민도 이전과 다르게 소통하고 또 그 결과도 다르게 나타나고 있는 셈이다. 희망캠프의 선거 캠페인이 시정과 별도로 기획된 데 그친 것이 아니라 실제 시정에서 진화한 형태로 구현된 것이다.

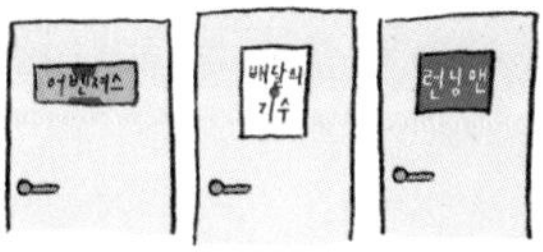

17. 이상한 이름의 부서들

스스로 선거 문화를 바꾸는 사람들

어떤 사람은 이름보다 별명이 더 친숙한 경우도 있다. 사람뿐 아니라 사물도 그렇다. 약칭이 별명이 되기도 하고, 그 사람이나 사물의 성격을 잘 드러내는 별명을 따로 짓기도 한다. 별명을 부르면 아무래도 더 친근하다. 운동 선수들은 스스로 별명을 지어 팬들과 더 가까워지려고 하기도 한다. 시민 운동 내에서도 위계적인 문화를 바꾸려고 일부러 별명을 지어 부르기도 한다. 박원순 후보도 시민 운동가로 활동하던 시절 '원순씨'나 '원또'로 불렸다. 이런 별명들이 이름 뒤에 붙는 지위를 생략할 수 있게 해 수평적인 조직 문화를 만드는 데 기여하기도 한다. '카카오톡'으로 유명한 모 업체는 조직 내부의 수평적 문화를 위해 본명 외에 영어로 된 이름을 하나씩 더 가졌다는 이야기는 잘 알려져 있다. 별명이 소통의 새로운 수단이 된 셈이다.

선거와 별명은 무슨 관계가 있을까? 한 표를 두고 공방을 벌이는 치열한 접전의 현장에서 별명을 부른다는 것은 언뜻 나이브해 보일 수도 있다. 선거 캠프에 들어가 보면 흔히 이런 문패들이 눈에 띈다. '상황실', '조직국', '정책실', '○○○대책위원회', '대변인실', '유세위원회', '○○○기획단'. 이런 이름들은 업무의 성격을 드러내기는 하지만 정해진 매뉴얼대로만 활동할 것 같은 느낌을 준다.

당장 캠프에서 이런 이름들을 바꿀 수는 없었지만 조금 다른 생각을 하려면 각 팀에 별칭이 있으면 좋겠다고 생각했다. 사실 희망캠프에 모인 사람들은 여러 분야에서 활동하다 참여했기 때문에 한 시적으로 함께 일하고 다시 각자의 자리로 돌아가는 것이라 선거 운동 기간 내내 서로 누구인지 모른 채 지내다 헤어지는 일이 다반사였다. 그래서 별칭으로 그 부서가 일하는 내용의 특징을 잘 드러내주면 그만큼 활동 내용을 쉽게 이해할 수 있을 뿐만 아니라 경계를 허물어뜨려 함께 일하는 사람들을 더욱 긴밀히 연결해 줄 수 있으리라 보았다.

팀별로 별칭을 만들자고는 했으나 선뜻 응하는 부서가 없었다. 아침 회의에서 한 번 요청했는데 다들 바쁜 와중에 결정적으로 중요한 업무가 아니라고 판단해서 선뜻 나서지 않았던 것이다. 그래서 한 사흘 정도 각 부서를 일일이 찾아다니며 별칭을 지어 달라고 했다. 그러자 그 모습이 안쓰러웠는지 조직을 담당하는 부서가 맨 먼저 별칭을 지어 붙여 놓았다. 별칭은 '런닝맨'이었다. 게다가 '표는 발로 모은다'라는 슬로건까지 함께 붙여 놓았다. 그러자 캠프 내부에는 서로 더 나은 별칭을 짓기 위한 묘한 경쟁 심리가 발동했다. 아울러 서먹한 부서 간의 분위기도 화기애애해졌다.

후보의 일정을 기획하는 비서실과 선거법에 관련된 검토를 하는 법률팀이 같은 방을 썼는데, 이 방에는 '비법의 방'이라는 별칭이 붙었다. 1인 활동가들을 지원하는 꿀벌 캠프를 조직하는 팀은 '개미지옥', 대변인실은 세상을 구하고 싶었는지 '어벤져스'라고 지었다. 캠프 내부에 필요한 물품을 조달하고 회계를 관리한 총무팀은 '배달의 기수'였다. 임무와 어울린다며 다들 감탄했다. 이렇게 각 부서가 스스로 별칭을 지어 붙여 놓으니 어떤 일을 하는지 이해하기도 쉽고 부서 간에 친밀함도 느껴졌다.

부서의 이름에 별명을 지어 부르면서 선거 캠프는 개방된 사무실에서 좀 더 자유롭고 창의적이면서도 협조적인 문화가 형성되었다. 누구라도 아이디어를 내고 여러 사람에게 호응을 얻으면 채택되는 분위기가 되었고, 별칭을 부름으로써 부서 간에 동료애가 생겨난 것이다.

선거 캠프 내의 부서에 별명을 붙여 부른 것은 희망캠프가 처음일 것이다. 무엇보다 선거는 참여하는 사람들의 생각과 태도가 고스란히 유권자들에게 전해진다. 선거 운동에 참여하는 구성원들이 선거를 축제처럼 여긴다면 유권자들도 선거라는 행위를 공동체의 축제로 여길 것이다.

희망캠프는 이런 변화를 바랐다. 이러한 작은 변화를 바탕으로 우리 사회의 위계적인 조직 문화도 점차 달라지지 않을까 싶다.

18. 그리 성공적이지 못했던 도전

마이크로 타깃팅을 해 보자

빅데이터의 시대다. 많은 사회 전문가가 이미 정보화 시대의 주도권은 데이터로 넘어갔다고 말한다. 데이터는 폭발적으로 만들어지고 있으며, 조만간 '사물 인터넷'이 본격화되면 축적되는 데이터는 상상하기 어려울 정도가 될 것이다. 미래 사회에서는 빅데이터가 경제적 자산과 경쟁력의 중요한 원천이 될 것이라고 많은 사람이 예견하고 있다.

이는 정부 등 공공 기관에도 많은 영향을 미치고 있다. 서울시는 서울 시민들의 심야 교통 이용에 관한 빅데이터를 이용해 '올빼미버스'라는 정책을 도입해서 시민들의 호응을 얻었다. 특히 정치 활동에서도 빅데이터를 활용한 선거 운동이 눈에 띈다.

2012년 미국의 대통령선거에서 버락 오바마 후보가 빅데이터를 이용해 마이크로 타깃팅 선거 운동을 해서 화제가 되었다. 선거 운동 과정에서 이른바 선거 경험이 많은 노련한 선거 전략가들의 판단에만 의존하기보다는 유권자들의 상태와 조건을 면밀히 파악해서 구체적인 선거 운동을 할 수 있다면 마다할 후보는 없을 것이다. 그런 측면에서 오바마 대통령의 재선은 여러 후보에게 과학적인 선거 운동의 가능성을 검토하게 만들었고, 박원순 후보도 예외는 아니었다.

그러나 실제로 빅데이터를 이용해 선거 운동을 해 본 결과 그렇게 성공적이었다고 말할 수는 없었다. 미국의 경우에는 빅데이터를 확보할 수 있는 물적·기술적 기반이 있는데, 우리의 경우 선거법상 그렇게 하기도 어렵고 관련 비용도 보전되는 것이 아니어서 적극적으로 시도하기 어려웠다.

시민 한 사람 한 사람의 목소리를 정책에 반영하겠다는 의지가 있었다. 유권자를 세대와 연령, 계층에 따라 세분화하고 그들의 요구를 수렴하여 거기에 맞는 정책을 잘 전달하는 것이 중요하다고 생각해 2,225개로 지역을 구분하고 투표구 수, 요구, 지역적 특성 등을 세분화한 다음 어떤 정책을 개발하고 홍보할 것인가를 연구했다. 아울러 역대 선거 결과를 분석하여 지역에 따라 유권자들의 상태가 어떻게 다른지 좀 더 구체적으로 살펴보았다. 이런 자료에 기초해 지역별로 다른 선거 운동을 기획했다는 것이 의미 있는 일이라 본다. 어차피 이번 선거 운동의 메인 전략이라기보다는 일종의 틈새전략이었는데, 선거 결과와 차이가 너무 커서 한계가 있었다고 생각한다. 다만 유권자들의 요구를 사회경제적 데이터에 기초해 맞춤형 정책을 고민해 본 것은 앞으로도 유의미한 경험이 될 것이라고 본다.

— 천준호 팀장

인터뷰에서 보다시피 실제 진행 과정은 애초 생각한 것과는 다르게 전개되었다. 그러나 어떤 면에서는 오히려 박원순 후보다운 선거운동이 되었다고 평가하기도 한다. 정책을 구체적으로 전달해 보자는 것이 애초 목표였지만 여러 가지 한계로 이루기 어려웠음에도 시민들의 자발적인 참여라는 측면에서는 의미가 있었다.

사실 이 프로그램을 기획하는 초기부터 선거법의 규제 조항이 많아 현실적으로 구현하기에는 무리가 있다는 지적이 있었다. 그렇지만 조금이라도 과학적인 시도와 도전을 해 본다는 차원에서 희망캠프의 과제로 삼았다. 결과적으로 구체적이고 세세한 정책을 유권자들에게 맞춤형으로 전달해 보자고 하는 목적은 구현되지 못했지만, 그 과정에서 시민들의 자발적이고 적극적인 참여가 있었던 점이 의외의 소득이었다.

희망캠프에서 시도한 빅데이터를 이용한 선거 운동이 그리 성공하지 못한 이유는 우선 그 준비기간과 비용의 측면에서 일개 후보의 캠프에서 진행할 수 있는 일이 아니었다는 점을 꼽을 수 있다. 정당이 제 역할을 한다면 정당 차원에서 오랫동안 준비하고 실행하는 것이 적합하다고 본다. 또한 선거법상의 제약이 이런 시도를 애초에 한계 짓는 면도 컸다. 미국처럼 이런 일을 준비하고 실행하는 것이 특별히 법적으로 위배되지 않는다면 자료를 축적하고 유지하는 것이 가능하겠지만, 우리의 현실에서는 선거 운동 기간이 아닌 때에 이런 기획을 하고 사무 공간을 유지하는 것 자체가 불법이다.

그렇지만 이런 시도는 앞으로 정치 문화를 개선하는 데 꼭 필요하다고 본다. 예컨대 청년들이 어느 지역에 많이 거주하고 있는지, 그에 따라 필요한 주택의 형태는 어떤 것이어야 하는지 등의 사회경제적 데이터를 바탕으로 선거 정책을 만들고 실행하는 것은 공약의 남발도 줄일뿐더러 당선되었을 때 실행 가능성이 훨씬 높아지는 구체적인 정책 산출이 가능해진다. 그만큼 시민들의 삶의 문제에 깊숙이 다가갈 수 있는 것이다. 이런 시도가 정치권에서 가능해진다면 그만큼 선거가 정치 본연의 목적에 가까워질 것이다.

희망캠프 2에서 시도했던 기획이 모두 성공했던 것은 아니다. 그렇지만 희망캠프가 가졌던 문제의식은 앞으로 더 발전되어 현실정치에서 구현되기를 바란다. 무엇보다 희망캠프는 이런 시대적 변화를 뿌리치지 않고 자연스러운 것으로 받아들임으로써 선거 운동 자체가 새로운 정치 문화를 보여 줄 수 있다는 기대감이 있었다. 희망은 한 발 한 발 구체적으로 디뎌야 가닿을 수 있는 것이기 때문이다.

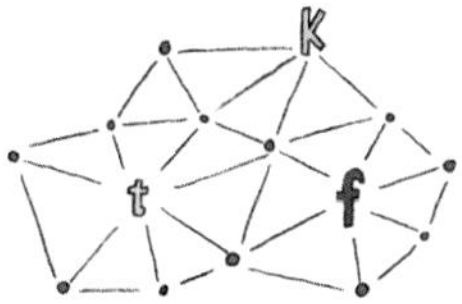

19. 생산하기보다 연결하자

원순씨의 소셜 미디어

소셜 미디어가 가져온 세상의 변화에 대해 이야기하는 것은 새삼스럽다. 이른바 웹 2.0 시대를 상징하는 가치인 개방·참여·공유에 기반한 온라인 플랫폼으로 인해 TV·신문·잡지 등의 일방향 소통 방식이 트위터나 페이스북 등의 쌍방향 소통으로 바뀐 것이 가장 커다란 변화라고 할 수 있다. 특히 이용자가 곧 생산자이자 소비자가 되는 1인 미디어 시대가 열린 것이다. 이렇게 전통적인 미디어가 해체되고 새로운 1인 미디어가 등장하면서 선거 문화도 달라졌다.

앞에서도 언급했지만 버락 오바마 미국 대통령은 선거 때 이런 소셜 미디어의 특성을 아주 잘 이해하고 활용했다. 유권자들에게 후보의 일방적 메시지만 전달하는 것이 아니라 유권자들이 선거 과정에 참여하여 토론할 수 있는 소통 공간을 마련해 주고 이들이 오바마 후보와 관련된 콘텐츠를 생산해 널리 공유할 수 있도록 했기 때문에 당시 오바마 후보가 대통령선거에서 승리할 수 있었다는 견해가 지배적이다.

박원순 후보도 소셜 미디어에 아주 익숙해 파워 트위터리언으로 유명했다. 2011년 서울 시장 보궐 선거에서 바로 이런 점이 당선에 톡톡히 한몫했다. 당시 선거 과정에서 특히 어려웠던 고비가 박영선 민주당 후보와 현장 투표 경선을 치르는 일이었다. 박원순 후보는 민주당처럼 현장으로 동원할 수 있는 조직이 없었다. 그래서 경선 규칙을 협상할 때 현장 경선의 비중을 줄이고자 했으나 결국 전체 경선의 40퍼센트를 차지하게 되어 희망캠프는 내심 불안해하던 상황이었다. 조직이 없었기 때문에 선거인단으로 등록한 사람들 중에 박원순 후보의 지지자들이 당일 얼마나 투표 현장으로 올지 가늠할 수가 없었다. 여론 조사 등 다른 경선에서 우위를 차지한다고 하더라도 현장 투표에서 적어도 40퍼센트 이상의 지지가 나와야 이길 수 있다고 판단했다. 그런데 당일 오전 현장에 나가 있던 스태프들이 전해 준 보고에 따르면, 민주당 지지자들이 90퍼센트 이상 투표소로 오고 있다는 것이었다.

위기를 느낀 희망캠프는 즉각 트위터에 이 사실을 공유하고, 파워 트위터리언 중에서 박원순 후보를 지지한다고 한 조국 교수와 공지영 작가에게 '리트윗'을 부탁했다. 당시만 해도 트위터의 영향력이 엄청난 때여서 트위터에서 공유된 정보는 즉각 현장에 영향을 미쳤다. 오후가 되어서 박원순 후보를 지지하는 젊은 층이 많이 보인다는 이야기가 전해졌고, 실제 현장 투표 결과는 5.3 대 4.7 박빙으로 나타났다. 소셜 미디어가 박원순 후보의 지지자들을 현장으로 불러낸 유력한 무기가 된 것이다. 그만큼 소셜 미디어가 선거에서 실제로 중요한 역할을 한다는 것을 경험한 사건이었다. 사실 당시에 홈페이지에 열심히 정보를 생산하고 퍼나른 자발적 지지자들이 있었지만, 소셜 미디어가 훨씬 즉각적인 확산 효과를 냈다.

2014년 선거를 준비하면서 디지털 미디어 팀장을 맡은 김현성 팀장은 소셜 미디어 환경이 2011년과는 달라졌음을 지적하며 소셜 미디어 이용자들이 스스로 생산자이자 소비자인 프로슈머로서의 모습이 분명해진 만큼 과거와는 다르게 접근하자고 했다. 당시 내놓은 제안은 '큐레이션'이었다. 선거 캠프가 콘텐츠를 생산하기보다는 지지자들이 생산해 내는 콘텐츠를 박원순 후보 지지자들의 네트워크인 '카페트'에 큐레이션하기만 해도 확산되어 나갈 것이라고 보았다. 그렇게 희망캠프의 디지털 미디어 선거 운동은 '모바일이 퍼스트, 웹이 팔로우, 큐레이션이 퍼스트, 크리에이티브가 팔로우, 산이 퍼스트, 합이 팔로우'라는 방향이 만들어졌다. 예컨대 홍보의 경우 모바일을 먼저 하고 웹이 그 뒤에 따르는 방식이었다.

디지털 미디어팀은 디지털과 관련된 문제를 주변부의 문제가 주류적인 문제라는 것을 선거 운동 과정에서 말하고 싶었고, 관련한 정책적 요구를 조직하는 것도 가능하다고 보았지만 2주일이라는 짧은 선거 운동기간은 그전에 준비과정이 없다면 논의하거나 대안을 마련하는 것이 쉽지 않았다. 결국 이런 문제는 여전히 정책 팀이 마련하는 공약의 문제로 귀결될 수밖에 없는 것이 현실이다.

그럼에도 선거 운동 과정에서 선거 캠프가 콘텐츠를 생산하기보다 지지자들이 만들어 내는 콘텐츠를 '연결'해 보겠다는 시도는 희망캠프의 기본 방향과도 잘 맞는 방침이었다. 특히 박원순 후보가 논란이 되는 문제에 부닥쳤을 때 지지자들과 함께 극복해 가는 모습을 만들어 내는 데 기여했다. 가령 선거 포스터 같은 경우가 그랬다. '후보인 내가 훌륭하잖아요? 나를 뽑아 주세요'라는 생각보다 함께하겠다는 생각을 포스터에 담고자 했다. 그렇게 만든 선거 포스터가 거리에 붙자 선거 캠프는 항의 전화에 시달려야 했다. 포스터와 관련한 패러디물이 인터넷에 쏟아져 나왔다. 그냥 둘 수도 있었지만 디지털 팀은 지지자들의 패러디물을 찾아 연결해 주기 시작했다. 포스터에 대한 비난을 재미있는 놀이로 재창조하자 소셜 미디어에서는 오히려 박원순 후보의 포스터가 더 널리 알려지는 현상이 나타났다.

모으기보다는 분산시키겠다는 전략에 기초한 선거 운동은 '프로필 바꾸기'를 대표적으로 꼽을 수 있다. 지지자들의 소셜 미디어 프로필을 박원순에 대한 지지 프로필로 바꿀 수 있도록 내용을 제공하는 캠페인을 전개했고, 실제로 1만여 명의 개인 프로필이 바뀌었다.

가장 기억에 남는 사례는 박원순 후보가 TV 프로그램 〈무한도

전〉의 차세대 리더를 뽑는 투표 장면을 선거 캠프의 공식 미디어를 통해 생중계한 일을 꼽을 수 있다. 그 순간 동시 시청한 사람들이 1만 명에 이를 정도로 폭발적인 관심을 불러일으켰고, 관련 보도와 방송 등으로 2014년 지방 선거의 사전 투표 제도가 널리 알려지면서 사전투표를 독려하고 있던 자원 활동가들에게 큰 힘이 되었다.

2014년 선거에서는 2011년과 달리 박원순 후보와 관련한 정보가 한국에서 가장 빠르게 확산되었기 때문에 어떤 콘텐츠가 유통되도록 할 것인가가 가장 중요한 문제였다. 그래서 콘텐츠 생산보다는 연결에 중점을 두었다. 그 결과 지지자들과 함께 만들어 가는 선거가 될 수 있었다. 이후 시정에서도 박원순 시장은 트위터 등을 통해 시민들과 소통하고 그 내용을 행정에 반영하고 있다.

트위터에 들어가서 '검토 요망, 현장 방문, 확인 요망, 즉각 반영 요망' 이렇게 멘션을 올리는 것은 사실 우리 공무원들에게 지시하는 거예요. 그리고 트위터에 지속적으로 올라오는 문제들은 제가 직접 어떻게 진행된 일인지 확인하죠. 얼마 전 서초의 네이처힐 단지에 아우디가 정비 공장을 짓는다고 해서 반발이 심했어요. 아이들 통학로에 어떻게 정비 공장을 짓느냐는 것이었죠. 그래서 현장에 나가고 갈등 조정관을 파견해서 지금은 거의 마무리 단계예요.

— 박원순

그 밖에 박원순 시장의 트위터에 관한 일화 중 잘 알려진 것으로 북아현동 철거민 사례가 있다. 언론 보도도 꽤 많이 되었는데, 그 철거민이 용역 업체의 무자비한 철거에 맞서 생계를 위해 곱창집을 다시 열겠다는 마음으로 천막을 치고 무려 718일 동안 버티면서 박원순 시장의 트위터에 계속 호소하는 멘션을 올렸다.

그분이 1년 넘게 1인 시위를 하셨어요. 그래서 확인해 보니까, 요구하는 게 많다는 보고를 받았어요. 그러다가 서대문 현장시장실에 갔을 때 그 앞에서 그분이 시위를 하시길래 만나서 갈등 조정관을 파견할 테니 조정에 응하겠냐고 물었더니 응하겠다고 하시더라고요. 그래서 강영진 교수라는 분을 갈등 조정관으로 파견했는데, 초반에는 특히 조합 쪽에서 돈을 안 주려고 해서 쉽지가 않았어요. 그렇게 한참을 조정해서 결국 해결이 됐어요. 그래서 그분의 마지막 시위 구호는 '시장님 고맙습니다'였어요.

— 박원순

트위터를 매개로 시민들이 제안한 아이디어가 실행되는 경우는 잘 알려진 '타요버스'가 있었다. 시민들이 올리는 제안을 잘 연결해 내기만 해도 시정에 변화를 가져올 수 있는 셈이다. 이렇게 희망캠프는 소셜 미디어로 지지자들의 정보를 연결해 주어 서로 공유할 수 있게 했고, 또 지지자들의 좋은 생각이 실현되는 공간이 되길 바랐다.

20. 일상이 정치다

아줌마들이 만드는 정치

평범한 사람들의 일상이 정치의 중요한 의제가 될 수 있을까? 공자의 말을 빌리면 백성을 평안하게 하고 먹을 것을 풍족하게 하는 것이 정치다. 꼭 이 말을 빌리지 않더라도 평범한 사람들의 일상을 평안하게 하는 것이 정치의 요체라는 말이기도 할 텐데, 고개가 끄덕거려지면서도 왠지 낯설고 그저 공허한 수사에 불과한 이야기라고 느껴지는 것은 어쩔 수 없다. 그동안 우리가 보아 온 현실 정치는 정치 세력 간의 권력 다툼과 지분 나누기, 재벌과 유착해 제 배 불리는 탐욕스러운 이미지로 덧씌워져 있기 때문일 것이다. 그래서 정치의 본질을 이야기하는 것 자체가 현재의 정치를 뒤집는 셈이다.

2014년 지방 선거를 앞두고 '오픈 테이블: 일상폴폴 2014'라는 이야기 플랫폼을 열었다. 시민들의 일상이 정치이고 정책이라는 생

각으로 필요한 의제들을 모으려고 했으나 정치권에서는 도통 관심을 보이지 않았다.

사적인 식사 모임에 사회적 의미를 부여하는 플랫폼을 소셜 다이닝(social-dining)이라고 한다. 소셜 다이닝은 고대 그리스의 식사 문화인 '심포지온(simposion)'에서 비롯되었다. 미국의 대표적인 소셜 다이닝 프로그램인 'Grub With Us'가 있고, 그와 유사한 형태로 우리나라에는 '집밥'이 있다. 2012년 처음 시작되었고, 2014년 5월 현재 기준 누적 모임이 3,700개가 넘을 정도로 활성화되어 있다.

이 플랫폼에서 나누는 대화 주제는 취미 생활부터 자기 계발, 여행, 음식, 주거, 취업 등 그야말로 사람들의 일상에 관한 모든 이야기다. 식사라는 형식은 매개일 뿐 사람들의 삶과 관련된 구체적인 이야기들이지만 정치권에서는 잘 주목하지 않는 것들이다. 결국 사람들의 일상의 문제를 해결하는 것이 정치의 본질이라면 바로 이 평범한 사람들의 이야기에 '정치'가 담겨 있는 것이다.

희망캠프에서는 이런 일상을 담고 싶었다. 박원순 후보가 배낭을 메고 운동화를 신고 다닌 것도 이런 일상 속에서 시민들과 만나 이야기를 들을 때 정치가 가능하다고 보았기 때문이다.

마침 아줌마들이 박원순 후보에게 밥 한번 먹자고 희망캠프로 연락을 해 왔다. 박원순 후보는 한걸음에 달려갔다. 일부러 사람들 속을 걸어 다니는데 생활의 최전선에 있는 아줌마들이 부르는 곳에 냉큼 달려가지 않을 이유가 없었다.

2014년 5월 28일 홍대 부근 카페에서 홀로 배낭을 메고 조용히 시민들과 소통하는 원순씨를 보았습니다. 이 넓은 서울 땅을 유세차 없이 걸어 다니는 원순씨. 밥이나 제때 챙겨 드시나 걱정이 됩니다. 울 엄니들이 원순씨 밥 한 끼 챙겨 드리면 어떨까요? 세월호 참사로 아프고 원통한 국민들의 마음에 답하듯 홀로 배낭을 메고 고행하듯 유세 다니는 원순씨에게 정성껏 준비한 도시락으로 한 끼 챙겨 드리자구요. 내일 용산 부근에 온다던데……. 용산가족공원에서 원순씨랑 밥 한 끼 같이하실 엄니덜, 내일 용산가족 공원으로 오실라우? 울 엄마들이 공원에 모여 "원순씨, 밥 묵자." 하고 원순씨를 크게 부르면 지나는 길에 오지 않을까요? 트윗으로 원순씨에게 함께 밥 먹자고 콜 하려고 합니다. 원순씨 여친님들, 벙개합시다. 각자 도시락 준비하고 배낭 메고……. 돗자리와 물도 챙기고 용산 가족 공원으로 12시까지 집결하면 끝. 서로 알아볼 수 있도록 드레스 코드는 노란색.

— 첫 제안자 최형숙 님의 페이스북 글

그렇다면 아줌마들은 어떤 생각으로 후보를 불렀을까? 박원순 후보가 아줌마들의 수다를 들어 줄 태도와 인식을 가졌다고 보았기 때문일 것이다. 특히 용산 개발 문제를 둘러싼 주민과 개발회사, 구청 등 관계자들과의 대화 마당에서 박원순 시장이 보여 준 태도는 두고두고 회자되고 있다. 열 시간에 가까운 질타와 비난을 묵묵히 다 듣고나서 앞으로도 더 들을 것이고 함께 해결책을 만들어 가 보겠다며 담당자가 누구인지 분명히 정해 주면서 자신이 끝까지 관심을 가질 것이라고 약속한 일화는 잘 알려져 있다. 특히 박원순 시장의 일상이 정치라는 신념을 잘 보여 준 사례 중 하나가 보도블록이다. 보도공사 실명제 등 보도블록 십계명은 박원순의 연관 검색어이기도 하다.

보도블록, 사실 작은 일이죠. 그래서 어떤 사람은 서울 시장이 뭘 그렇게 좀스럽고 쪼잔하냐고 합니다. 그런데 제 생각은 달라요. 작은 것도 안 되는데 어떻게 큰 것이 되겠습니까?

— 《오마이뉴스》, 2013년 7월 22일

박원순 시장은 기존의 행정 관행에서는 불용 예산 처리를 위해 연말에 의례적으로 실시하던 보도블록 공사를 시민들의 삶과 실제로 관련된 공사로 바꿔 놓았다.

트위터로 말을 건네 오는 시민들의 여러 제안과 제보는 대부분 시민들의 일상과 밀접한 관련이 있는 것들이기 때문에 '원순씨'는 즐겁게 응답한다. 2013년 11월 말인가에는 어린이대공원의 미래에 관해 시민들이 모여 이야기하는 마당인 '소셜픽션 컨퍼런스@어린이대공원'이라는 행사가 열린 적이 있다. 그야말로 어린이대공원에 관심 있는 아이부터 어른까지 모여서 공원의 미래를 생각해 보자는 모임이었는데, 이 자리에 참석한 박원순 시장은 그저 일반 시민처럼 앉아서 함께 나누는 이야기를 듣고 간 적이 있었다.

그러므로 아줌마들이 '원순씨 밥 먹자'라고 한 일화는 박원순 후보가 정치 모임이 곧 수다 모임임을 열린 마음으로 받아들이고 적극적으로 듣고자 했기에 가능한 일이었다.

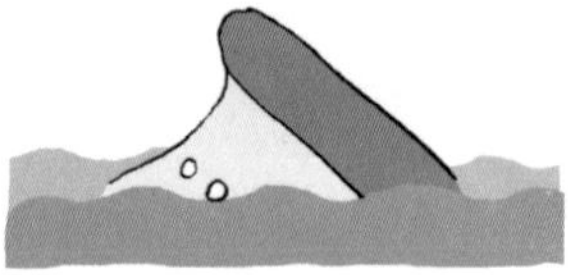

21. 진심이 이긴다

팽목항의 원순씨

세월호 사건은 지금도 진행 중이다. 선거 운동을 막 준비하던 시기에 사고가 났고, 믿기지 않지만 선거가 끝나고 해가 바뀌었음에도 현재진행형이라는 것이 엄연한 현실이다. 세월호 참사가 우리 사회에 던진 충격은 단지 진상 규명 위원회의 활동이 끝난다고 하더라도 여전할 것이다. 우리 사회의 근본적인 패러다임의 전환 없이는 치유되기 어려운 문제이기 때문이다.

세월호 참사의 여파는 선거를 준비하는 사람들에게도 깊었다. 화려하고 요란스럽게 선거를 준비한다는 생각은 아예 처음부터 논의조차 하지 않았다. 덕분에 선거 대책 위원회를 자연스럽게 꾸리지 않아도 되었고, 유세차도 사용하지 않을 수 있었다. 다른 때 같았으면 거듭 논란을 벌일 만한 내용이었지만 세월호 참사 이후 우리 사회에 대한 깊은 성찰이 필요하다는 공감대가 있었기에 이런 시도들도 긍정적으로 받아들여졌다.

그렇다고는 해도 세월호 참사 이후 선거 운동의 전체적인 기조와 전략을 재점검해야 했다. 사실 세월호 참사가 일어나기 직전에 선거 운동을 본격적으로 준비하고 있었다. 선거 사무실을 어디에 얻을지, 유세차는 어떻게 할지, 홍보 전략과 출마 선언은 어떤 방식으로 할지, 선거 대책 위원회의 조직은 어떻게 할지 등등. 그에 따라 필요한 인력을 섭외하고 이견들을 조율해 나가고 있었다. 그러나 그 모든 것을 원점에서 다시 점검했다.

우선 시민들이 느끼기에 요란한 캠페인이라면 되도록 생략하고 조용한 선거 운동 기조를 만들었다. 무엇보다 세월호 참사를 선거와 연관 짓지 않아야 한다는 점을 숙고했다. 그러나 어떻든 간에 선거에 나서는 동안 후보의 세월호 참사에 대한 인식과 태도가 고스란히 드러날 것이고, 결국 그 태도가 유권자들과 얼마나 공감대를 형성할 것인가가 중요하다는 점도 간과하지 않았다.

사실 선거를 준비하고 진행하는 희망캠프의 입장에서는 그 점이 가장 신경 쓰였다. 후보나 선거 캠프의 의도가 그렇지 않다 하더라도 유권자들에게 자칫 오해를 사게 된다면 짧은 선거 운동 기간에 해명하기도 어렵거니와 한 번 돌아선 유권자들의 마음을 돌리기에는 시간이 걸릴 것이 틀림없었다.

그러나 이런 기우는 박원순 후보의 진정성 덕분에 걱정할 필요가 없게 되었다. 세월호 참사가 일어났을 때 거의 모든 정치인이 앞다투어 팽목항으로 내려갔지만 박원순 후보는 시장으로서 서울시가 인명 구조와 사고 수습을 위해 지원할 수 있는 방안을 최대한 점검하고 필요한 인력과 물품을 조달했다. 당시 박원순 시장은 집무실 한쪽에 '미안합니다 진도 유람선 대책'이라는 파일을 새로 만들어 그에 관한 여러 가지 지원 방안을 챙기고 있었다.

우리가 첫 회의를 한 게 2014년 4월 16일, 그러니까 사고 발생 당일 오전 8시인데요. 9시 30분에 특수단장이 항공대 최종 기장에게 출동 준비 지시를 하고, 그다음에 헬기 2대, 20명의 인원을 지원하는 계획을 세워 우리한테 9시 40분에 보고했어요. 그다음 김포공항에서 출발한 게 오후 2시 15분. 헬기 1, 2호기와 전문 잠수 요원 8명 등 총 16명이 김포공항에서 출발했어요. 그때 "헬기 2대와 전문 잠수 요원 지원을 신속히 잘 진행하고, 소방재단본부를 중심으로 사고 현장과 긴밀히 협의해서 필요한 모든 상황을 적극 지원할 것."이라고 지시했어요. 이후에도 이런 식으로 계속했고, 서울특별시에서는 서울시 대외협력단장을 포함해 지원 관련 인원 27명, 소방대원 26명, 차량 5대, 잠수 장비 12정을 지원했습니다. 그리고 계속 관련 회의를 했어요. 예컨대 '지구촌 난민 한마당'이라는 큰 행사를 이틀간 하기로 되어 있었는데, 사고가 났으니 개최 여부를 두고 고심하다 취소하기로 했어요. 이런 사안들과 관련해 계속 회의를 했죠. 현장에서는 계속 보고가 올라오고, 아리수 2만 병 공급이라든지 서울특별시 사후 지원

단 활동 보고도 받고, 또 서울시 나름대로 여러 가지 '안전 관리 실태 특별 점검 보고회' 같은 것도 하고, 자치구 부구청장들이 모여 회의도 하고, 여러 가지 도시 안전 대책을 마련하고, 광장에 노란 리본으로 된 정원도 제안하고, 분향소도 설치하고……. 그런데 분향소 설치할 때는 정말 웃겼어요. 안전행정부가 며칠까지 서울시청사 내부에서만 하라는 거야. 그렇게 할 일이 없나. 그래서 우리가 거절하고 바깥에 설치했어요. 시민들 편하게 해줘야 하니까. 이런 걸 계속했죠.

— 박원순

서울 시장으로서 세월호 참사를 주의 깊게 살피면서 할 수 있는 대책을 계속 논의했다. 이후 세월호 유족들이 광화문 광장에 천막을 설치하고 농성을 했는데, 광장 사용료를 부과한 일이 있었다. 현행 조례상 광장에 천막을 설치하는 것이 불법이라며 일부 정치권과 보수 단체 들이 강하게 반발하며 계속 서울시에 압력을 넣었기 때문이다. 세월호의 아픔은 유족들만의 것이 아니라는 점을 강조하면서 철거 대신 사용료 부과라는 방법으로 유가족들의 천막 철거 논란을 마무리했다. 그리고 그 사용료의 상당 부분을 서울시에서 지원하는 방식으로 처리했다.

이런 모습들은 사실 박원순 후보에게 다른 정무적 프로그램을 만들어 지원할 필요가 없음을 보여 준다. 정치의 본연에 충실한 그의 태도는 다른 포장이 필요 없었던 것이다. 박원순 후보의 이런 마

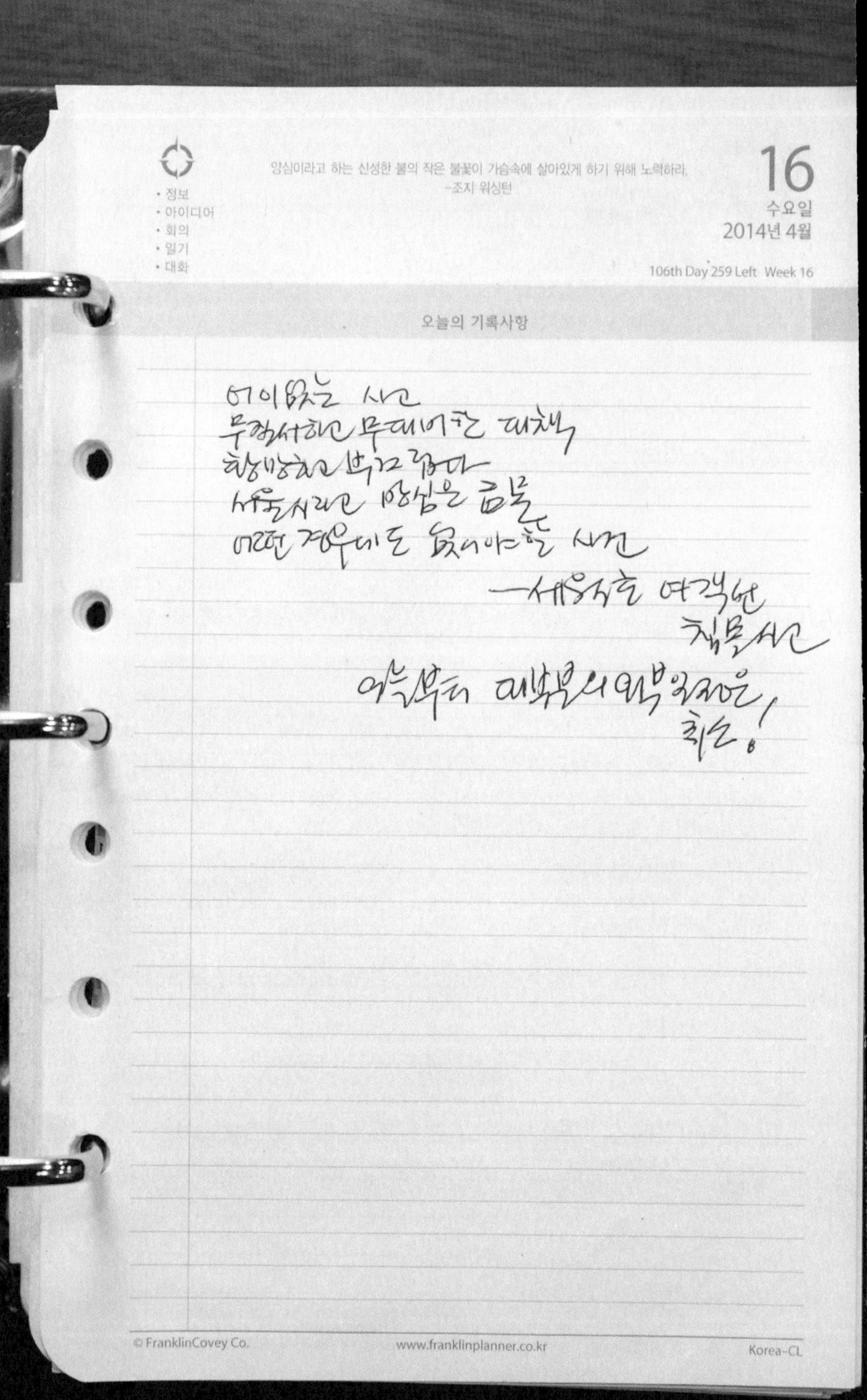

양심이라고 하는 신성한 불의 작은 불꽃이 가슴속에 살아있게 하기 위해 노력하라.
-조지 워싱턴
16
수요일
2014년 4월
106th Day 259 Left Week 16
• 정보
• 아이디어
• 회의
• 일기
• 대화
오늘의 기록사항
어이없는 사고
무책임하고 무대책한 대처
어떤 경우에도 없어야 할 사건
—세월호 여객선 침몰사고
© FranklinCovey Co.
www.franklinplanner.co.kr
Korea-CL

가장 멋진 생각은 적어두지 않으면 까맣게 잊혀질 위험성이 있다.
-아르투르 S. 쇼펜하워

- 정보
- 아이디어
- 회의
- 일기
- 대화

27
일요일
2014년 4월

117th Day 248 Left Week 17

오늘의 기록사항

희망근로
보상심리

→ 설치 완료
끝없는 고운 행렬
신용 돌아오는 고용창출
흥미 사업 완료
⋮
그러나
"한없이 부끄럽습니다"
기업대표로서
지식인으로서
무엇보다 시장으로서

음은 그가 출마 선언을 하기 전날 팽목항을 조용히 찾은 데서도 잘 드러난다.

팽목항을 찾은 것은 적어도 제가 출마하면서 그곳에 한번 갔다 오지 않고서는 명분과 결기랄까 그런 마음가짐을 갖기 어렵겠다고 생각했어요. 그래서 팽목항에는 무조건 가겠다고 생각해서 거의 다 내려갔는데, 정몽준 씨가 왔다는 거예요. 그래서 상황이 정몽준 씨를 따라온 거 같고 그래서 다시 올라가야 하나 고민을 많이 했어요. 그런데 그때 임종석 부시장이 무조건 갔다 오라고 하는 거예요. 이미 밤 8시나 9시쯤 되었는데, 도착하면 10시가 넘겠더라고요. 그래서 다 자는데 가는 거 아닌가 걱정이 됐어요. 처음 갈 때는 비서 한 명하고, 운전하시는 분, 저 세 사람이 갔어요. 두 번째는 아내하고 딸과 같이 갔고. 처음 갔을 때는 사람들이 속았다는 표정으로 시큰둥하더라고요. 그런데 어차피 내가 대접받으러 간 게 아니잖아요. 그래서 제가 할 수 있는 건 그저 말씀 듣고 위로하고 그런 것밖에 없잖아요. 두 군데쯤 만나 뵙고, 세 번째인가 뵌 분이 안중근 군의 부모님과 다른 몇 분이 계셨어요. 이야기를 들어 보니 안중근 군 꿈이 야구 선수였대요. 두산 베어스를 좋아했대요. 거기 보니 '안중근'이라는 이름이 박힌 유니폼이 걸려 있더라고. 그때는 진짜 눈물을 참기가 어려웠어요. 눈물이 흘리고 싶다고 나오는 것도 아니고, 참는다고 참을 수 있는 것도 아니잖아요. 그런데 안중근 군 어머니가 아들이 꼭 올 것 같다는 이야기를 하시는데……. 그래서 안중근 군 부모님과는 그 뒤로 문자 메시지를 주고받았어요. 그러고 나서 안중근 군 생일 때 부모님을 시장실로 초청해서 뵈었죠.

— 박원순

상대 후보인 새누리당 정몽준 씨가 같은 날 비슷한 시간에 팽목항을 찾으리라고는 아무도 생각하지 못했다. 그러나 어찌 보면 세월호 참사가 우리 사회에 던진 충격이 그만큼 컸기 때문에 같은 마음으로 팽목항을 찾았을 것이라고 믿는다. 박원순 후보가 팽목항에 내려가던 그 시간, 그의 오랜 벗이자 뒤에서 선거 캠프를 돕고 있던 어느 분이 그렇게 아무 대책 없이 후보를 보내도 되느냐며 걱정 가득한 전화를 해 오셨던 기억이 또렷하다. 어쨌든 박원순 후보의 진심만큼 강력한 대책은 없었던 셈이다. 선거 내내 희망캠프 2는 이런 마음가짐으로 임했다고 생각한다. 그래서 단 한 번도 상대 후보를 깎아내리는 네거티브 공세를 취하지 않았다. 시민들은 이미 진심을 보고 있었다.

22. 희망캠프는 플랫폼

지휘하기보다 연결하라

선거 운동에 직접 참여하지 않는 경우, 그에 관한 정보는 주로 언론 보도를 통해 얻게 된다. 그러나 언론 보도를 통해 선거 운동을 접하는 경우 부정적인 이미지가 몇 가지 생긴다. 예컨대 유권자들은 굳이 후보의 연설을 들으려 하지 않는데 사람이 많은 곳에서 방송 차량을 이용해 유세를 한다든가, 평소에는 거들떠보지도 않았을 재래시장이나 양로원 등을 찾아가 서민적인 이미지를 보여 주려는 시도, 내실은 없으면서 선거 대책 위원회에 저명한 인사가 영입되었다고 호들갑을 떠는 소식 따위가 그렇다.

2011년 처음 현실 정치의 선거에 참여했을 때에야 선거 운동에 대해 구체적으로 생각할 수 있었다. 박원순 후보 역시 선거 운동을 해본 적이 없으므로 전체적인 선거 전략과 정무적 판단은 선거 경

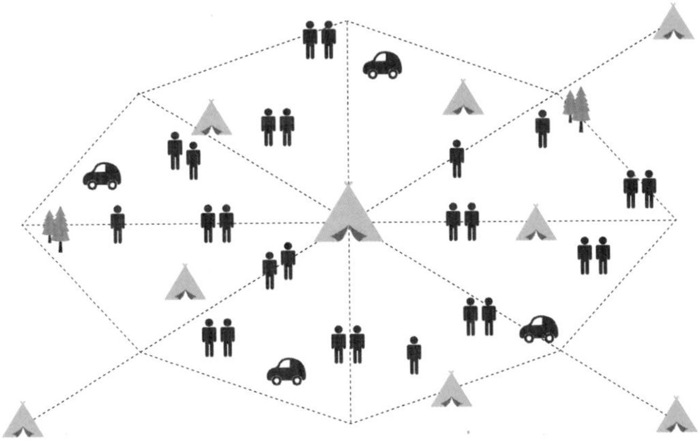

선거 캠프의 방향: 선거 캠프는 작게, 연결망은 크게

험이 많은 사람의 도움을 받을 수밖에 없었다. 그래서 2011년의 선거는 결과적으로 민주당이 주도했다고 본다. 시민 운동 진영의 새로운 문화적 시도는 민주당과의 경선 전까지였다고 보는 게 정확할 것이다. 그러나 2011년 처음 선거에 임하면서 선거 캠프에서 가장 중요하게 시도하려고 한 가치는 바로 선거 운동 본부를 선거 플랫폼으로 만드는 것이었다. 그래서 선거 운동에 참여하는 모든 사람을 네트워크로 연결하고, 선거 사무실은 이들의 공동 협업 공간으로 하자는 안을 제시했다.

그러나 당시에는 이런 방향으로 선거 운동이 이루어지지 못했다. 선거 사무실을 카페처럼 꾸민 것과 선거 유세 방식을 부분적으로 새롭게 시도한 것을 제외하면 기본적인 선거 운동 방식은 전형적인 모습을 탈피하지 못했다. 새로운 제안과 시도는 논의조차 되지 못했고, 세상 물정 모르는 소리로 치부되어 버렸다. 지금 돌아보면 무엇보다 새로운 선거 운동의 형태에 대해서는 말하고 있었지만, 어떻게 해야 하는지에 대해서는 구체적인 설명이 없었다. 구체적인 것이 없으니 공감을 이끌어 내기 어려웠고, 결국 본 선거 운동에서는 기존 정치권의 전형적인 모습으로 돌아갈 수밖에 없었다.

이런 아쉬움은 2014년 희망캠프 2에서 새로운 시도를 하는 밑거름이 되었다. 특히 '어떻게' 할 것인가에 대한 고민이 많이 녹아 있었다. 우선 희망캠프 2의 큰 기조는 '선거 캠프는 작게, 연결망은 크게' 하자는 공감대가 있었고, 세월호 참사와 맞물리면서 '조용한 선거 운동'이라는 모습으로 나타났다. 희망캠프 2는 선거 캠프가 선거 운동을 지휘하는 곳이 아니라 연결하는 플랫폼이 되어야 새로운 정치 문화가 발 디딜 수 있을 것이라고 보았다. 그래서 선거 운동을 지휘하는 선거 대책 위원회 대신 여러 가지 자발적인 선거 운동을 '연결'하고 '지원'하는 자원 활동가들이 선거 캠프의 주인이 되는 것이 중요했다. 그래서 희망캠프는 조직도로 수직적인 위계를 그리는 것보다는 각각의 수평적인 '임무들의 결합' 형태로 나타낼 수 있었다. 그때그때 필요한 임무가 있으면 그것을 담당하는 부서가 만들어지기도 하고, 그 임무를 마치면 없어지는 유연한 변화가 가능한 곳이었다. 또 누구라도 새로운 선거 운동과 구체적인 캠페인을 기획하고 제안할 수 있었다. 이런 분위기였기 때문에 선거 운동기간 내내 신속한 의사 결정이 가능했던 시스템으로 평가받는다.

2014년의 희망캠프 2는 세월호 참사라는 외부적 환경 변화에 조응한 조용한 선거 운동처럼 인식되었지만 그 내부는 기본적인 철학과 신념에서 이전과는 다른 생각으로 설계되었다. 물론 세월호 참사라는 외부적 요인이 너무 커서 이런 근본적인 변화에 대한 내부의 공감대가 아주 높았다고는 할 수 없다. 그렇지만 희망캠프 2가 기존의 정치와는 다른 도전을 멈추지 않았고, 어느 후보도 하지 않은 실험들을 과감하게 함으로써 새로운 정치 문화의 싹을 하나 더 심었다고 봐도 좋지 않을까.

23. 정당과 시민 운동의 결합

다양한 세력의 정치 참여가 필요하다

2011년의 희망캠프는 시민 운동 사무처장 출신들이 주축이 된 그야말로 무소속 시민 후보 박원순의 캠프였다. 이들은 박원순 변호사를 매개로 시민 운동을 현실 정치에서 실험해 볼 좋은 기회라고 여기고 서슴없이 나선 사람들이었다. 이들이 주축이다 보니 희망캠프 초기 활동은 정치권에서 볼 때는 아마추어적이기는 해도 새로운 정치적 실험들이 제법 있었다. 선거 사무실 공간이나 유세 방식뿐만 아니라 선거 대책 위원회를 없앤 기획단 형태의 캠프 구성도 그렇다. 이런 시도들이 2014년 희망캠프 2에서 본격적으로 실현되는 싹이었던 것이다.

특히 2011년의 초기 30일은 민주당 박영선 후보와 단일화 과정을 거쳐야 하는 시험대였다. 정치적 경험이 없는 사람들이 민주당과 협상에 나서서 경선 규칙을 만드는 과정을 주위에서는 걱정스럽게 지켜보기도 했다. 우여곡절 끝에 경선에서 박원순 후보가 승리하면서 선거는 새로운 국면으로 접어들었다. 실제 본 선거 기간이라고 할 이후 20일은 민주당이 중심이 되어 이끌어 갔다. 말하자면 2011년의 희망캠프는 시민 운동 진영을 중심으로 새로운 실험을 한 전반기와 민주당이라는 기성 정당이 중심이 되어 전통적인 방식의 선거 운동을 펼친 후반기의 기계적인 결합이었던 셈이다. 선거 운동만 기계적으로 결합한 것이 아니라 선거 대책 위원회 역시 하나의 조직 안에 별도의 파트로 구성되었다. 그러다 보니 각기 알게 모르게 자존심 다툼 같은 것이 있었다. 그럼에도 2011년 희망캠프에서 두 세력 간에 큰 갈등 없이 선거 운동을 마칠 수 있었던 것은 서로에 대한 배려와 인내가 있었기 때문이다.

2014년의 희망캠프 2는 처음부터 정당 정치 세력과 시민 운동 세력이 함께 만든 캠프였다. 정당을 대표하는 임종석 정무부시장과 시민 운동을 대표하는 필자가 공동으로 총괄팀장을 맡아 처음부터 함께 선거를 기획하고 진행했기 때문에 특별히 갈등해야 할 이유가 없었다. 특히 선거 대책 위원회를 구성하지 않고 각자 잘할 수 있는 임무를 중심으로 결합했기 때문에 시민 운동 쪽과 정당 쪽 모두 각자의 특장점이 잘 드러나는 캠프가 되었다.

예컨대 보수적이고 제도화된 조직이나 생활체육 관련 조직의 경우는 상대적으로 정당에서 활동한 사람들이 네트워크가 잘되어 있어 정당 쪽에서 맡고, 노동조합이나 환경·여성 단체의 경우는 시민 운동 쪽에서 맡았다. 또 상황실이나 대변인실처럼 상대 후보와의 정치적 다툼에 대한 정무적 판단이 필요한 일은 정당 쪽 사람들이 맡고, 정책이나 꿀벌 캠프 등의 임무는 시민 운동 출신들이 주로 맡았다. 이런 식의 임무 배치는 기계적으로 진행하지 않고 잘할 수 있는 사람들에게 맡기는 방식으로 이루어졌다. 처음부터 부서를 만들고 임무를 배분하지 않고, 필요한 임무에 대한 내부 동의가 이루어지면 그에 가장 적합한 사람이 임무를 맡는 형식으로 유연하게 조직을 구성한 것이다.

캠프가 임무를 중심으로 구성되다 보니 각 임무를 맡고 있는 사람이 팀장 회의를 주최하게 되면 시민 운동 쪽에서 결합한 사람들과 정당 쪽에서 결합한 사람들이 자연스럽게 어우러져 활동하게 되었다. 개인의 소속이 중요한 것이 아니라 맡은 임무가 제대로 진행되는지가 중요하게 된 것이다.

정확하게 세어 보지는 않았지만 선거 운동 중반쯤 이르러 희망캠프 2에 조직된 임무를 세어 보니 100여 개에 가까웠다. 선거 운동 기간 내내 지속된 임무도 있었고, 중간중간 역할을 다하고 사라진 임무도 있었다. 또 어떤 임무는 선거 막바지에 새로 생겨나기도 했다. 선거 운동기간 내내 캠프의 임무는 다양하게 변했다.

2012년에도 정당과 시민 운동이 함께 선거 운동을 한 적이 있었다. 바로 대통령선거에서 당시 야당이 정당이 포괄하지 못하는 세력을 시민 캠프라는 형식으로 끌어안았는데, 끝내 화학적으로 결합하지 못했다는 평가가 많았다. 그런 점에서 2014년 희망캠프 2는 정당 정치인들에게 정당이 일상적으로 포괄하지 못하는 세력들과 함께 나서는 경우 어떻게 캠프를 운영할 수 있을지 참고할 만한 좋은 사례가 아닐까 싶다.

사실 이런 방식의 선거 운동 캠프가 구성된다는 것은 그만큼 현재의 정당이 다양한 세력을 포괄하지 못하는 제한적 범위의 조직이 되어 있다는 것을 의미하기도 한다. 정당이 더욱 발전하고 지금과는 다른 정치가 구현되기 위해서도 지금의 정당 범위를 넘어 다양한 세력이 정치 과정에 참여하도록 하는 노력은 반드시 필요하다. 그런 점에서 희망캠프 2는 소중한 경험이다.

24. 희망캠프를 만든 사람들

희망캠프 2는 다양한 시민들이 참여해서 '만들어진' 캠프였다. 아무런 대가도 없었고 그렇다고 이름이 드러날 기회도 없었지만, 필요한 일이 있으면 아무리 사소한 일이라도 서슴없이 자발적으로 나서서 만들어 간 캠프였다. 그런데 선거 캠프도 하나의 조직이다 보니 많은 자원 활동가와 캠프 사이에 소통이 원활해야 했다. 희망캠프 2에는 마침 자원 활동가와 함께 일해 본 경험 많은 분이 있었다. 중앙대학교에서 교수로 활동하다 정년 퇴임한 이경희 선생님, 캠프를 찾아온 모든 분을 일일이 안내해 주신 수필가 이해숙 선생님, 선거 캠프에 필요한 인력을 배치하고 사람들을 연결한 신은희 선생님 등. 이분들은 자칫 어색할 수 있는 선거 캠프와 자원 활동가들 사이를 노련하게 조율했다. 희망캠프 2의 초기 자원 활동가는 300명 정도였고, 이후 결합한 분들을 합치면 모두 1,000여 명에 이른다.

희망캠프의 모든 운영이 시민들의 자발적인 참여로 이루어졌다면 믿을 수 있을까? 모금팀, 조직팀, 지역 활동팀, 디지털팀 등 모든 임무에 자원 활동가들이 활약했다. 또한 선거 캠프로 찾아오는 분을 안내하는 투어 프로그램, 캠프 안에서 벌어지는 각종 행사에 필요한 준비를 하는 다이닝 프로젝트 등 선거 캠프의 임무 하나하나가 의미 있는 프로젝트로 명명되어 소홀함 없이 진행되었다.

또한 선거 캠프를 꾸미는 일도 시민들이 참여했다. 처음에는 공공 미술을 하는 예술가들이 꾸미다가 이후에는 캠프를 방문한 사람들이 자발적으로 캠프 안팎을 꾸몄다. 이런 일들은 누구라도 할 수 있었기 때문에 특별히 누가 했는지도 몰랐다.

직접 표를 모으는 사람들로는 서울시에서 관계를 맺었거나 새정치민주연합의 서울시당 당원들, 과거 시민 운동과 인연이 있었던 분들이 주로 자원해서 활동했다. 박진섭 전 생태지평연구소 부소장, 김민영 전 참여연대 사무처장 등이 묵묵히 이런 일을 주도해서 진행했다. 꿀벌 캠프의 경우 남경아 팀장이 시민들을 연결해 필요한 정보를 주고 함께 캠페인을 기획했다.

희망캠프 2에서는 이런 다양한 사람의 이야기를 내부 소식지 〈순이의 순정〉으로 공유했다. 이 소식지를 담당한 20대 박기완 씨는 선거가 끝난 후 희망캠프에 참여했던 것이 인생에 큰 전환점이 되었다면서 과감하게 사회적 기업에 뛰어들었다.

내가 가도 할 게 있겠구나 하는 자발성을 끌어내는 모습들이었다. 자리를 지키는 사람들이 알아서 외부로 연락해 "내가 보니까 이런 게 필요해." 하면서 사람들을 불러들이는 게 일상이었다. 〈순이의 순정〉이라는 캠프 내부 소식지가 발행되어 캠프 사람들의 이야기가 실리자 어떤 사람들이 와서 일하고 있는지 알 수 있었다. 〈순이의 순정〉은 공식 선거 운동 기간 내내 15회 발행되었다. 희망캠프는 정말 좋은 정치 학교가 될 수 있겠다는 생각을 했다.

— 신은희 팀장

희망캠프 2에 참여한 시민들은 정말 다양한 팀에서 활동했는데, 열거하자면 너무 길어질 듯해 표로 정리해 보았다.

표 1) 캠프 활동 내용 – 임무별 배치

활동 분야	활동 내용	활동 인원(근무 조건)
안내팀	내방객 안내, 공유 공간 유지 관리, 자원봉사 신청, 상담, 배치, 캠페인 참가 독려	45명 (주 2일 근무, 1일 3교대, 5명)
지원팀	각종 활동 지원, 물품 지원, 수송	10명 (상시 2인 이상 대기)
홍보팀	촬영, 디자인, 편집 등	5명
홍보물 모니터	홍보물(벽보, 현수막 등) 게시 상황 재부착 및 관리	50명 (주 2일 근무, 5명씩 10팀)

현장 조사	지역 조사, 설문	50명
캠페인	1. 유권자 캠페인 2. 유세장 지원 3. 투표 독려	300명
지인 찾기	앱을 활용한 지인 찾기	500명 (주 1회 온/오프라인 활동)

표 2) 캠프 활동 내용 – 구역별 배치

활동 분야	활동 내용	활동 인원(근무 조건)
안내 데스크	캠프 내방객 안내, 공유 공간 유지 관리	45명 (주 2일 근무, 5명씩 1일 3교대)
자원봉사 상담 배치	자원봉사 온/오프라인 상담 및 배치 후원 및 펀드 참여 전화 등	10명 (상시 2인 이상 대기)
자원봉사 교육	교구 준비, 참가자 확인, 교육 진행	5명
촬영팀	사진(동영상) 촬영 편집	50명 (주 2일 근무, 5명씩 10팀)
콘텐츠 개발팀	콘텐츠 기획 및 제작 : 작가, 디자이너 등	10명 (주 2일 활동)
온라인 홍보	홍보 콘텐츠 배포 (SNS 활용)	20명 (주 1회 온라인 활동)
캠페인 활동	다양한 캠페인 기획, 준비, 참여	500명 (1회 참가 가능)
사이버 봉사단	콘텐츠 배포	200명
하트앱 도우미	앱 설치 및 사용 방법 안내	100명 (주 1회 활동, 10명씩 10팀)

희망캠프는 박원순 후보와 생각을 같이하는 사람들의 헌신적인 자원 활동으로 진행된 시민참여형 캠프라고 해도 과언이 아니다. 어떤 사람들이 희망캠프를 찾았을까?

궂은일을 마다하지 않는 캠프 안내지기들

광장 시장에 있었던 희망캠프 2나 안국동에 있었던 희망캠프 1에서 선거 캠프를 찾는 사람들이 제일 먼저 만나게 되는 사람은 이해숙 씨였다. 이해숙 씨는 참여연대 시절부터 박원순 후보와 인연을 맺은 분이다. 참여연대를 찾았던 사람들은 1층 안내 데스크를 지키고 있던 이해숙 씨를 기억할 것이다. 서울 시장 선거라는 게 매우 힘든 일이어서 보궐 선거 때는 사양하셨지만 희망캠프 2에서는 선거 캠프로 들어서는 사람들을 처음 안내하는 일을 맡아 주셨다.

캠프를 찾는 모든 분이 안내 데스크를 거쳐 각종 임무를 담당하는 공간으로 연결되었다. 선거 캠프 곳곳에서 안내를 담당하는 자원 활동가들이 업무 공간과 회의 공간 사이를 둘러보는 시민들을 친절하게 안내했다. 또 캠프로 걸려 오는 온갖 전화를 응대하는 일이나, 캠프 사무실에 생기는 쓰레기를 알아서 처리해 주셨다.

시민 참여팀에서 일한 신은희 씨는 팀장 임무를 맡았다. 많은 분이 자원 활동을 하겠다며 캠프로 찾아오는데, 이분들을 실무로 연결하거나 선거 캠프가 궁금해서 찾아오는 분들에게 선거 캠프에 관해 설명하고 홍보하는 일을 주로 했다. 매일 캠프를 방문하는 사람들은 어림잡아 300~500명 정도 되었고, 선거 기간 내내 1만 명 정도라고 하니 캠프 입구와 안내를 도맡았던 자원 활동가들은 그야말로 눈코 뜰 새 없이 바빴다.

신은희 팀장은 희망캠프에 결합하기 전에는 한 자원봉사센터에서 센터장으로 일했다. 그만큼 자원 활동가들을 어떻게 배치하고 그들이 어떻게 움직이는 것이 가장 효율적인지 잘 아는 전문가였다. 그녀는 희망캠프 2를 보며 캠프가 좋은 정치 학교가 되지 않을까 하는 생각으로 정치 지망생들을 위한 프로그램을 따로 마련하기도 했다. 정치에 관심 있는 청년들이 연줄이나 인맥을 통하지 않고 공식적인 방법으로 캠프에서 실습하는 형태로 일할 수 있도록 하자는 것이 핵심이었다. 기존 정당에서 표가 되지 않는 이런 일을 적극적으로 할지는 의문이지만 정당의 예비 자원을 훈련시키고 젊은 당원을 모으는 데 유용한 방법이 될 것이었다.

캠프 1층 한쪽에는 진성준 의원이 이끄는 대변인실이 있었다. 기자들을 만나고 논평, 성명을 발표하는 대변인단이 있었지만 잘 보이지 않는 방 한구석에는 대학생이거나 갓 졸업한 젊은이들이 선거와 관련된 모든 기사와 방송을 모니터하는 팀이 있었다. 선거 기간 내내 신문과 컴퓨터, 방송 모니터에서 눈을 떼지 않은 이분들 덕에 늘 신속하게 정보를 접할 수 있었다.

발로 뛰는 사람들 : 수많은 런닝맨

희망캠프 2에 자원한 이들은 어떤 사람들일까? 캠프에서는 같은 목적을 가지고 일했겠지만 이들은 저마다 다른 삶의 이력을 갖고 있었다. 특히 발로 뛰어다니며 표를 만들어 온다는 의미에서 '런닝맨'을 자처한 사람들을 살펴보면, 외국에서 하던 공부를 잠시 멈추고 합류한 사람, 박원순 후보가 시민 운동을 하던 시절 이런저런 인연으로 관계를 맺은 사람, 2011년 보궐 선거 이후 캠프와 관계를 맺은 사람들로 크게 구분할 수 있다. 이들을 조율하는 일은 서울시에서 정무보좌관으로 일한 김원이 씨가 맡았다. 그는 선거 전에 서울시를 그만두고 선거 캠프에 합류하면서 보궐 선거의 경험과 서울 시정을 통해 알게 된 사람들을 연결하느라 진땀을 뺐다.

당 조직을 움직이는 데는 김낙순 전 의원의 도움이 컸다. 희망캠프의 캠페인 방식은 김낙순 전 의원 자신과 서울 시당 당원들에게도 낯선 방식이었고, 기존의 익숙한 선거 운동의 수단이 전부 봉쇄된 것도 납득하기 힘들었을 것이다. 당 조직에서 느끼기에 함께 의논하고 토론하는 과정이 충분치 않았을 것이다.

런닝맨들은 '마리'라는 이름의 팀에 모였다. 주민 운동에 경험이 많은 정보연 씨가 팀장의 임무를 맡고 사회경제적 영역에서 일한 사람들과 처음 선거 운동에 뛰어든 평범한 주민들이 함께 서울 시내 동네 곳곳을 누비며 희망캠프의 선거 캠페인을 했다. '배달의 기수'

라는 이름으로 캠프 내부에 필요한 온갖 궂은일을 도맡아 해 준 분들도 또다른 런닝맨들이었다. 생업도 그만두고 오신 분부터 2011년 선거 때 맺은 인연으로 다시 달려오신 분들까지 다양한 분이 정말 아무런 불평 없이 선거 운동 기간 내내 캠프 내에 필요한 물품의 조달과 배달에만 전념했다.

또 김현성 씨는 '카페트(카카오톡·페이스북·트위터)'라는 이름으로 소셜 커뮤니티를 하나로 묶고 박원순 후보를 지지하는 다른 소셜 커뮤니케이터들과 함께 인터넷과 소셜 커뮤니티에서 선거 캠페인을 진행했다.

경험은 소중하다 : 위기에 강한 사람들

희망캠프 2 사무실 1층 맨 안쪽에는 상황실이 있었다. 상황실은 그야말로 선거 과정에서 발생하는 온갖 사건에 대응했다. 이 임무는 2011년 보궐 선거 이후 박원순 시장을 도와 서울시에서 일한 권오중 전 정무수석과 기동민 전 정무부시장이 맡았다. 선거 도중에 선거 기조가 흔들리거나 선거 캠프 전체가 위기에 빠질 만한 사고는 꼭 일어나게 마련이다. 이럴 때 선거 캠프의 기조를 잘 유지하고 구성원들이 동요하지 않고 계속 선거 운동에 매진하게 하는 일은 아주 중요하다. 또 상대 후보의 네거티브 공세에 대응하는 방안을 마련하는 일도 해야 했다. 그런 점에서 상황실 임무를 맡은 이들은 정치적 감각이 뛰어나고 경험이 풍부해야 했다. 특히 희망캠프 2의 총괄팀장을 맡은 임종석 전 의원은 이런 점에서 누구와도 견줄 수 없는 큰 힘이 되었다.

총괄팀장과 상황실의 대응 능력을 보여 준 사례가 있었다. 희망캠프의 선거 운동이 막 시작될 무렵 큰 사고가 발생했다. 지하철 사고였다. 사고가 발생하자마자 캠프에서는 비상 대책을 논의했다. 현직 시장으로 출마하는 위치에 있었으므로 박원순 시장이 신속하면서도 치밀하게 대응할 수 있도록 꼼꼼한 프로그램들을 제안하고, 실제 집행이 가능하도록 주변 상황들을 정리해 나갔다. 선거가 막 시작될 무렵에 발생한 예기치 않은 사고라 자칫 선거 운동의 기조를 흔들어 놓을 수도 있었지만 사고를 잘 수습하고 위기에 잘 대응함으로써 오히려 박원순 시장에 대한 신뢰를 높이는 데 일조했다. 이런 경험이 없는 사람들이라면 우왕좌왕했을 것이다.

희망캠프 2 사무실 2층에는 '배달의 기수'로 불리는 행정팀과 캠프 내에서 가장 나이가 많은 고문단 격의 그룹이 총괄팀장들이 미처 챙기지 못하는 캠프의 고충을 돌보고 있었다. 또 선거 운동을 지원하는 다양한 지원 임무를 맡은 팀들이 박원순 후보의 일정 등을 조정하고, 선거법에 위반되는 캠페인은 없는지 검토하고, 후보의 공약을 다듬었다. 민병덕 변호사를 비롯한 일군의 변호사들이 법률팀을 구성하고 희망캠프 2의 활동 모두에 대해 선거법상 문제가 없는

지 사전에 검토하는 일을 하느라 늘 자료와 법전을 뒤적이며 지냈다. 후보의 일정을 짜느라 머리를 감싸쥔 서왕진 실장과 천준호 씨 등 비서실 인력과 더불어 캠프 2층에 자리 잡은 이들의 방을 '비법의 방'이라 불렀다. 이들은 대부분 2011년 희망캠프 시즌1에서 손발을 맞춘 경험이 있는 사람들이기도 했다.

선거 캠프에 참여한 어떤 자원 활동가들

희망캠프 2에서 활동한 사람들 중 재미있는 분들이 있어 소개해 본다. 흥미로운 이력을 지닌 분이 많았는데, 그중 몇 가지 부류에서 상징이 될 만한 분들을 추려 보았다.

희망캠프 2에서 자원 활동한 염지홍 씨는 디지털 미디어팀에서 소셜 미디어를 매개로 콘텐츠를 만들어 내는 임무를 맡았다. 영국에서 일하다 온 그는 2006년부터 '패션 디자이너(passion designer)'라는 이름으로 활동하고 있었다. 그는 같은 이름의 브랜드를 만들어 여러 가지 소셜 프로젝트를 진행했다. 그는 공익 활동에 관심이 많아 공공 디자인을 해 왔는데, 초등생을 위한 옐로카드 프로젝트, 옷걸이 독서대 프로젝트 등 사람들이 쉽게 만들 수 있는 디자인을 추구했다. 또한 도서관 같은 곳에서 어린이를 위한 워크숍도 꾸준히 열어 오고 있었다. 영국에서 진행한 프로젝트 중에 영국의 직업 센터 'Job Center Plus'의 서비스를 어떻게 개선할지에 관한 내용으로 담당자들을 만나 의견을 듣고 반영하거나, 자전거를 안전하게 탈 수 있는 환경을 어떻게 만들지 연구하는 일도 있었다.

19년이나 일한 기업에서 갑자기 퇴출된 아버지를 보면서 열심히 일한 가장이 왜 그렇게 되어야 하는지 이해할 수 없었던 것이 염지홍 씨가 공익적인 일에 관심을 갖게 된 계기였다. 이후 1998년 아시아 사회적 기업 활동가 대회에 참가해 박원순 후보를 만나면서 처음 인연을 맺었다. 이 대회에서 박원순 변호사의 강연을 들었고, 인사를 나누고 명함도 교환했다. 그때 박원순 변호사가 "염지홍 씨 패션 디자이너예요? 저는 소셜 디자이너예요."라고 했던 말이 인상적이었다고 한다. 그 후로는 희망제작소에서 진행한 모금 전문가 학교를 통해 공공 섹터와 공익 디자인에 대해 좀 더 잘 알게 되었다. 언젠가 박원순 변호사에게 조그만 버튼을 만들어 선물하려 했더니, 박원순 변호사가 "이런 거는 사 줘야 한다."라며 하나에 2만 원씩 주고 사 주었다고 한다. 이런 인연이 염지홍 씨를 희망캠프 2로 달려오게 만든 힘이다.

후원팀에서 활동한 강민숙 씨는 탈북 청소년 대안학교에서 5년간 강사로 일하면서 사회의 취약 계층에 관심을 가지게 되었다. 그녀는 결혼하면서 18년 동안 가정주부로 살다가 6년 전쯤 희망제작소의 시니어 프로그램인 행복설계 아카데미에서 처음 박원순 변호사를 만났다. 박원순 변호사를 가까이에서 지켜보니 그의 겸손한 태도에서 배울 점이 많았다고 한다. 덕분에 적극적인 기부와 나눔에 대해 고민하게 되었는데, 그러면서 느끼는 기쁨이 말할 수 없이 컸다고 한다. 그런 마음으로 희망캠프 2에서 자원 활동을 하게 되었다. 그녀는 희망캠프에서 박원순 후보가 더 많은 빚을 내지 않도록 후원금을 최대한 모아 내는 것을 목표로 활동했다. 서울시를 이끈 박원순 후보를 '살림 잘하는 엄마' 같다며, 토건 사업처럼 밖으로 크게 드러나는 사업이 없다 보니 세간에서는 후보자가 펼치는 시정의 그림이 작지 않느냐는 말들도 많지만, 박원순 시장이 꾸려 가는 서울을 보면 알뜰한 주부의 집에 간 듯 구석구석 사람 냄새가 나는 것을 느낀다고 했다.

희망캠프 2에는 졸업을 앞둔 대학생도 많았다. 그중 이광훈 씨는 런닝맨팀에서 활동했다. 대학에 다닐 때는 학생회와 NGO 등의 활동을 통해 프로젝트에도 참여해 본 경험이 있었는데, 2011년 보궐선거 때 희망캠프에 참여한 친구의 안내로 자원했다. 그간 박원순 후보가 보여 준 서울시의 정책이 인상 깊었기 때문이다.

희망캠프는 원순씨나 참모들이 만들어 간 캠프가 아니었다. 모든 참여자가 함께 만들어 가지 않았다면 새로운 정치 문화를 보여 줄 수 없었을 것이다.

희망캠프를 관찰하다

희망캠프 2에는 선거 운동기간 내내 캠프의 일상을 촬영한 다큐멘터리팀이 있었다. 그들에게 희망캠프에 관해 물었다.

왜 희망캠프를 들여다볼 생각을 하게 되었나?

오래전부터 정치 다큐를 만들고 싶었다. 1992년 백기완 후보가 민중 후보로 나왔을 때, 당시 〈민중의 나라〉라는 영상 작업을 총괄하면서 언젠가 해 보자고 마음먹었다. 그런데 전혀 기회가 닿지 않았다. 그러다 2011년 보궐 선거를 할 때 같은 동네 이웃 중에서 희망캠프에 관계하고 있던 분이 선거 과정을 기록으로 남기려 한다며 제안을 해 왔다. 그러나 보궐 선거 때는 성미산 마을에 관한 다큐멘터리 〈춤추는 숲〉 후반 작업 중이어서 못할 것 같아 다른 사람에게 넘겼다. 정말 아쉬웠다. (그러나 당시에는 작품으로 만들어지지 못했다.)

그러면서 쌍용차 사태를 보면서 조금 더 생각이 진전되었는데, 단지 선거 캠페인에 관한 기록이 아니라 권력 문제를 다루는, 정치 자체에 대한 다큐를 해 보고 싶었다. 쌍용차 문제 같은 사람들의 문제를 해결해 보려는 정치, 과연 한국에서 이전과 다른 정치

DNA가 가능할까 하는 의문이 들었고, 만약 그를 보여 주는 사례가 있다면 그 내부의 다이내믹한 면을 보여 주면서 정치의 가능성을 보여 줄 수 있으면 좋겠다는 생각을 하고 있었다.

그래서 2011년에는 못했지만 2014년에는 박원순 시장이 재선에 나설 것이라고 보고 준비를 했다. 특히 재선의 경우에는 보궐선거 때와 달리 새정치민주연합이라는 정당의 후보여서 정당과의 갈등 같은 것도 예상되고 해서 꼭 해 보고 싶었다.

희망캠프에서 본 정치는 그래서 DNA가 달랐는가? 다른 정치에 대한 가능성을 보았는가?

가능성을 본 셈이다. 무엇보다 공간을 꾸미고 만든 사람들에 대한 궁금증이 컸다. 왜냐하면 그게 다른 DNA의 상징이라고 봤기 때문이다. 이미지적인 상징이었다. 거기엔 새로운 가능성을 발견했을 때의 즐거움 같은 것이 있었다. 캠프 공간의 변화가 캠프 내의 사람들에게 회자되고 먼저 발견한 사람들이 알리고 있었다. 임종석 팀장의 경우 옥상에서 발견한 것을 보여 주려고 우리를 먼저 데려가기도 했다. 발견의 즐거움뿐 아니라 그것으로 상징되는 그 캠프의 정신이 보였다. '과정'에 대한 중요성과 일종의 자유로움 같은 것이었다. 기존의 정치와는 다른 것이었다.

일반적으로 짐작건대 대개의 선거 본부는 몇몇 수뇌부에서 오더를 내리면 일사불란하게 움직이는 것으로 보인다. 캠프들이 하향식으로 움직이고 있는 것이다. 당연히 짧은 기간에 일을 해야 하니까. 그럼에도 이 캠프는 일반적인 캠프와 달리 움직인 것이다. 캠프 공간에 그려져 있던 그 그림들은 작지만 열린 공간이라는 의미, 상상력을 부여하는 곳이라는 느낌, 자유롭게 의견 내고 결정을 해 나가는 곳이라는 느낌, 나도 그래도 되겠구나 하는 여유를 주는 상징 같은 것이었다. 심리적으로 준 영향이 컸을 것이다.

물론 선거 캠프의 목표는 승자가 되기 위한 것이다. 기존의 시스템이 안전하고 효율적인 것으로 판정된 것이어서 그렇게 가는 것이 보통인데, 이 캠프엔 여러 가지 파격적인 문화적 흔적이 남아 있고, 나름의 자기 스토리를 참여자 스스로 만들어 내고, 그것을 주변에 전하고, 발견의 즐거움을 누리고 있었다.

예컨대 메시지팀의 공간은 처음에는 일반적인 사무실이었는데 유리창에 무언가 붙고 하면서 변해 가는 것이 보였다. 기존의 선거에 임하는 전투 태세와는 다른 것이었다.

기성 정치권에 있었던 사람들의 변화도 흥미로웠다. 그런 흐름으로 대표되는 임종석 팀장의 경우, 희망캠프에 와서 경험하는 것을 통해 확연하게 바뀐 경우이기도 했다. 그럼에도 자신의 선거 캠프를 차리면 그렇게 할 의지가 있느냐고 했을 때 자신 있게 대답하지는 못했다. 우호적으로 보면서도 불안감이 남아 있는 듯했다. 김낙순 전 의원의 경우에는 당내 조직 책임을 맡고 있었는데, 박원순식 캠페인에 거부감을 갖고 있었다. 그러나 나중에는 앞서서 그 방식으로 가자는 리더십을 발휘했다. 나름의 방식으로 수용하는 것도 재밌었다.

촬영팀에 대한 태도도 점점 개방적으로 바뀌어 갔다. 카메라에 익숙해져 있다는 것도 있지만 캠프 자체의 은밀한 구석들, 갈등 같은 것, 피해 달라고는 했지만 팀별 교류, 팀 내 모습 등을 보여주기 시작했다. 각 팀별로 작동하는 방식이 폐쇄적이냐 개방적이냐에 따라 변화가 생긴 것이었고, 대부분 개방되어 있던 셈이었다.

가장 큰 특성은 다양한 색채의 에너지였다고 본다. 각개약진하는 사람의 다양한 에너지가 응집되는 것이 보였다. 호흡도 맞아가고……. 이런 것이 캠프의 특성일 수도 있지만 놓치면 안 되는 것은 본격적인 선거 운동 직전까지도 어려운 선거였다가, 이기는 선거로 갔다는 점이 긴장감이 떨어지게 만들었을 수도 있다는 것이다. 말하자면 이 캠프가 잘한 것도 있지만 상대의 잘못이 컸다는 것, 완벽한 캠프라고 생각해서는 안 되는 것이다. 되는 집안이다 보니, 팀플레이가 되더라.

그 가능성이 캠프에 참여한 스태프뿐 아니라 실제 선거 캠페인에 참여하는 사람들을 통해 볼 수 있어야 하지 않을까 싶은데, 참여하는 시민들 사이에서도 그런 단서 같은 것이 보였나?

안면이 있는 사람을 발견하게 되는 경우가 왕왕 있었다. 20년 만에 만난 선배도 있었고, 여성 운동 쪽에서 온 사람들인데, 상근 스태프가 아니라 자원 활동으로 온 사람들의 그룹 중에 그 오랜 세월 만에 만난 사람들이 왜 여기서 조우하게 되었을까 하는 생각이 들었다. 무엇을 바라보고 이 캠프에 들어왔을까 하는 생각. 참 오랜 세월 변화와 희망을 꿈꾸던 사람들이 오랜 시간이 지난 후에 희망캠프에서 만나게 되다니……. 여러 생각이 들었다.

그리고 '원순씨 밥 먹자' 프로그램의 경우, 어느 마을에서 가족 나들이처럼 왔는데, 여성으로서의 공통점이 있어서인지 그 아줌마들과 편하게 이야기했다. 정치가 어떤 의미냐고 물었을 때 정치란 아침에 일어나는 순간부터 시작되는 모든 것이 정치다. 도시락을 싸는 순간부터, 도시락을 싸고 여기 와서 같이 먹고 하는 것이 정치 아니겠나 하고 이야기하는 아줌마들……. 여의도 정치권에 발 들여 놓은 사람들이나 정치 입문하려는 사람들보다 이 사람들의 정치 이야기가 더 생명력이 있다는 생각이 들었다.

확실히 현실 정치에 몸담은 사람들의 이야기와 시민들이 삶 속에서 보는 정치는 편차가 크더라. 그 편차는 자신들의 희망을 박원순이라는 개인에게 보내는 것이 아니라고, 그 개인에게 걸고 있는 것이 아니라고 이야기하더라. 박원순이라는 코드의 상징을 통해 새로운 가치를 실현하는 것이었다. 선거 캠프의 브레인들 같은 경우와 다르다고 여겨졌다.

조금 인상적인 것은 서울시 노인회인가 노인 단체 연합회인가의 신임 회장이 찾아왔는데, 자기들이 보기에 박 시장이 제대로 서울을 이끌 것 같다고 했다. 임종석 팀장이 접대했는데, 판세를 읽은 것인지, 정말 지원하려고 한 것인지는 모르겠지만, 그것도 변화로 읽혀 인상 깊었다. 노원 쪽 출마자 한 분이 와서는 선거 홍보물을 문제 삼으며 높은 사람 나오라면서 큰소리로 싸운 장면도 머릿속에 남아 있다.

아쉬운 점은 없었나?

다큐를 만드는 입장에서 사전에 충분한 협의에도 불구하고 중요한 논의와 갈등이 일단락된 다음에 들어갈 수밖에 없었던 것이 여전히 남아 있는 구 DNA가 센 것이라는 생각을 한다. 새로운 유형의 선거 운동을 하느냐, 승리하고 나서도 그대로 유지할 수 있느냐라는 점에서 과정을 중요시해야 하는 것이었는데, 아쉽다. 물론 다큐에 익숙하지 않은 점도 있지만 자신들의 치부를 드러내는 것을 여전히 심하게 꺼려하는 것을 느꼈다. 나중에 바뀌긴 했지만…….

공식 선거 운동 전부터 찍고 싶었지만 공간의 골조와 각 부서 배치 정도가 끝난 다음에 들어왔다. 어수선한 상태였다. 공식 캠프가 막 열릴 즈음이기도 했다. 5·15 공식 선거 일주일 전이었는데, 새로운 DNA의 징후를 보려면 파격의 과정이 있어야 하고, 그 파격의 과정을 촬영해야 하는데, 특히 그중 유세차에 관한 토론 과정에 들어가지 못한 점 등이 아쉽다. 새로운 가치가 등장하는 과정을 포착하고 싶었는데, 결정된 다음에 결합하게 되어 아쉬웠다. 입장 자체가 쉽지는 않았다. 담기면 곤란한 내용도 있다는 생각이 있었고, 찍은 사람과 찍힌 사람의 점검이 필요한 소재의 특성상 찍고 나서 판단하자 했지만 내부 조율이 잘 안 되어서 입장을 정하는 데 시간이 걸렸다. 외국의 경우에는 양쪽 캠프 다 들어가서 찍는 풍토가 있는데, 우리는 아직 경계하는 분위기인 탓도 있었다.

원순씨를 인터뷰하면서 특별히 기억에 남는 것은 무엇인가?

인상적인 인터뷰라고 하면 다큐를 만드는 입장에서는 그리 성공적이지 않았지만, 투표날의 인터뷰였다. 그때 박 시장에 대해 안타깝다는 느낌 같은 것이 있었다. 솔직한 속내를 충분하게 이야기하지 못하고 있다는 생각이 들어서였다. 카메라 앞에서 속내를 다 이야기하기 힘들었는지 모른다. 다른 하나는 시민 운동가로서의 박원순 변호사의 정체성과 2011년의 선거 과정 이후 행정가로 변모하고 있는 것의 차이를 느끼느냐는 질문을 하자 현실 정치의 역동성 때문에 달라지고 있다는 이야기를 하는데, 모범적인 답안이라는 느낌을 받았다. 물론 처음에 시작했을 때 박원순 개인에게 기대를 걸었다기보다 새로운 정치의 가능성에 대한 발견을 기대한 것이기는 하지만, 박 시장의 정제된 답변과 솔직한 속내를 말하지 못하는 것 사이의 간극을 보며 다른 정치를 실제로 실현하는 일은 여전히 쉽지 않겠다는 느낌을 받았다.

희망캠프 2, 선거의 혁신을 생각하다

2014년 희망캠프 2의 선거 운동은 기발한 아이디어들을 사전에 생각해 내고 이를 연이어 성사시킨 것처럼 보이지만 사실은 그렇지 않다. 아니, 선거 운동 기간에 여러 창의적인 아이디어가 나온 것은 분명하지만 무엇보다도 그런 아이디어들이 나올 수 있었던 선거 운동의 방식과 구조가 준비되어 있었다는 게 중요하다. 돌아보면 초기에 선거를 준비했던 사람들은 어떻게 하면 기존의 선거와 다른 원순씨만의 선거를 할 수 있을까에 골몰해 있었다. 홍보물을 준비하는 팀도, 온라인 선거 운동을 준비하는 팀도, 선거 캠프 사무실을 구하러 다니는 팀도, 선거 공약을 준비하는 팀도 모두 같은 고민을 안고 생각을 모아 갔다.

통상의 선거 캠프라면 선거 운동 기간 중에 결합해 오는 사람들이 캠프의 기본적인 철학을 온전히 이해하는 경우는 드물다. 그래서 초기에 선거를 준비하는 사람들의 생각을 공유하고 있어야 그 선거의 정체성을 유지할 수 있다. 여기서 여러 사람이 각기 다른 기획을 해 나가기라도 한다면 선거 운동은 우왕좌왕하다가 무너지기 십상이다.

희망캠프 2를 준비한 사람들은 2011년 선거에서 함께한 사람들이 주축이어서 비슷한 생각을 공유할 수 있었다. 그것은 선거를 일관된 기조 아래 끌어갈 수 있는 큰 바탕이 되었다. 더구나 모두가 선거의 혁신을 고민하고 치열하게 논의하면서 이런 생각을 선거 운동 초기부터 공유할 수 있었던 것이 큰 자산이었다. 그렇게 함께 공유한 희망캠프 2의 선거에 대한 생각, 희망캠프 2가 준비한 선거의 혁신을 위한 방법과 구조는 무엇이었을까?

첫째, 선거 캠프는 작게, 연결망은 크게 하자는 생각이었다. 기존의 선거가 선거 캠페인에 참여하고자 하는 사람들을 '조직'하는 것이 중심이었다면, 희망캠프 2는 참여하고자 하는 단체나 개인이 독립적으로 선거 캠페인을 할 수 있도록 '연결'하는 일을 중심에 놓자는 것이었다. 선거 대책 위원회를 구성하는 대신 실무 단위를 중심으로 선거 캠프를 꾸릴 것, 이런 생각을 바탕으로 진행된 대표적인 예가 '마리 프로젝트'나 '꿀벌 캠프'다. 이런 방침 덕분에 더 많은 사람이 캠프에 연결되어 희망캠프 2의 네트워크가 더욱 커지게 되었다.

둘째, 공간이 스스로 운동할 수 있게 하자는 것이었다. 선거 사무실을 단지 사무실로만 사용하지 않고, 선거 운동의 상징적 공간이자 선거 캠페인을 혁신하는 중요한 공간으로 만든 것은 2011년 선거부터였지만 2014년 선거도 예외는 아니었다. 2011년 선거에서 희망캠프 사무실이 주로 자원 활동가들이 유권자들과 만나는 카페형 공간으로 활용되고 자연스럽게 '소통'이 강조된 캠프였다면, 2014년의 선거 캠프 공간은 캠페인에 참여하는 사람이나 단체들의 '네트워크 공간'이자 이들이 함께 캠페인을 만들어 가기 위해 일하는 '협업 공간'이면서 이들이 함께 의논하는 '토론 공간'이어야 한다고 생각했다. 거기에 더해 선거 캠프가 어떤 곳에 들어서는가도 고려의 대상이었다. 그래서 선택한 곳이 재래시장인 광장 시장 앞에 있어 시민들의 왕래가 쉽고, 준비팀이 마음대로 내부를 구성할 수 있는 철거 예정인 건물이었다. 덕분에 희망캠프 2는 자연스럽게 네트워크로 연결되고 함께 일하면서 필요한 것들이 만들어지고 쌓여 시간이 지날수록 더 역동적인 캠프로 변해 갔다. 캠프 내부의 디자인부터 각종 자발적인 행사와 토론 프로그램, 활동 부서의 이름 짓기, 캠프 투어 프로그램 등에 이르기까지 그런 생각 아래 생겨 난 기획들이었다.

셋째, 온라인 캠페인은 참여하는 사람들이 스스로 만들도록 하자는 것이었다. 콘텐츠를 캠프에서 생산하기보다는 지지자들이 만들어 내는 콘텐츠를 큐레이션하는 방식으로 연결했다. 〈무한도전〉의 리더를 뽑는 프로그램에 원순씨가 참여해서 사전 투표를 홍보하는 기획을 진행한다거나 선거 포스터에 대한 패러디를 가감 없이 연결해서 캠프에 대한 비판조차 선거 활동이 되도록 만든 것 등이 그런 생각에 기초한 기획들이었다.

넷째, 상근하는 자원 활동가들에게는 기존의 선거 캠페인에서 맡은 역할과 다른 임무가 주어져야 한다고 생각했다. 선거 대책 위원회를 구성하게 되면 각 위원회의 결정을 집행하는 실무 책임자들이 주로 상근 스태프를 구성하게 된다. 그러나 선거 캠프를 자원해서 선거에 참여하는 시민들을 중심으로 구성하게 되면 상근 스태프들은 자원 활동가들이 선거 캠페인에 나설 수 있게 돕는 일을 주된 임무로 하게 된다. 전통적으로 후보를 지원하는 임무들은 그 성격을 바꾸기 어렵겠지만 다양한 캠페인을 기획하는 상근 스태프들의 경우에는 선거 캠프 내의 역할을 다르게 규정해 보는 것이 가능하다고 보았다. '마리 프로젝트', '꿀벌 캠프', '으리서울 캠프' 등의 활동은 상근 스태프들이 지지자들의 요구를 잘 담아내고 지원하면서 창의적인 활동을 만들어 낸 경우라고 할 수 있다.

다섯째, 다양한 그룹이 스스로 캠페인을 기획해 활동할 수 있게 해 보자고 생각했다. 마침 원순씨가 시민 운동할 때부터 인연을 맺은 그룹들부터, 2011년 선거 때 만들어진 소셜 미디어 기반의 팬클럽, 시장이 되고 난 후 원순씨의 개인 소셜 미디어를 매개로 연결된 그룹들, 2014년 선거를 앞두고 원순씨를 지지하는 새로운 그룹들 등 원순씨를 지지하는 사람들의 상태나 조건이 워낙 달랐기 때문에 이를 하나로 묶는 것이 바람직하지도 않았고, 그럴 필요도 없다고 보았다. 오히려 이들이 자신의 정체성에 맞게 다양하게 활동하는 것이 희망캠프 2에 도움이 될 것이라고 보았다. 따라서 이들이 독립적으로 활동할 수 있도록 지원하는 것을 주된 임무로 했다. 일례로 청년들의 팬클럽인 넥스트 서울이 만든 '원순씨 팬클럽이 하지 말아야 할 일 리스트'는 이들이 스스로 만든 지침 같은 것이었다.

여섯째, 전통적인 유세차를 없애고 후보가 직접 이동하면서 유권자들을 만나 이야기를 듣는 방식으로 유세를 전환하기로 했다. 유세 투어 자체가 선거 운동에서 하나의 브랜드가 되도록 하자는 아이디어도 나왔다. 이를 위해 유세 버스를 이용해 이동형 선거 운동 본부를 꾸릴 생각이었지만 원순씨가 캠페인 기간 내내 배낭을 메고 걸어 다님으로써 애초 생각한 것과는 다르게 진행되었다. 그러나 결과적으로 후보가 직접 이동하면서 유권자들을 만나고 이야기를 듣는 방식으로 전환되어 오히려 더 효과적이고 차별화된 유세를 할 수 있었다. 유세 버스는 홍보 버스라는 다른 콘셉트로 전환되어 서울 시내를 다녔다.

일곱째, 선거 운동을 왜 하는가를 유권자에게 설명할 수 있어야 한다고 생각했다. 선거 캠프의 이름, 활동하는 팀의 명칭부터 다양한 캠페인까지 선거 운동원 스스로 납득하고 왜 그 일을 하는지 설명할 수 있도록 했다. 원래 선거 운동을 하게 되면 '늘 하는 일이니까' 하는 인식이 많았다. 희망캠프 2에서 진행된 모든 일의 이유에 대해 설명할 수는 없지만, 가능한 이런 생각으로 모든 선거 활동이 만들어지면 좋겠다고 생각했다. 희망캠프 2라는 이름, 활동하는 팀들의 별칭, 꿀벌 캠프나 마리 프로젝트에서 나오는 여러 가지 캠페인이 모두 그런 생각이 바탕이 되어 나온 것이라고 할 수 있다.

이 같은 희망캠프 2의 생각은 논쟁을 통해 정리된 것도 있고, 별다른 논쟁 없이 자연스럽게 공유하고 준비한 것도 있다. 또 사전에 생각한 것과 다르게 진행된 것도 있다. 그러나 대개 이렇게 공유한 생각에 크게 어긋나지 않는 기획들이 이어졌다. 그런 점에서 희망캠프 2를 준비하고 끌어간 사람들은 우리의 선거 문화를 혁신하는 데 크게 기여했다. 단지 유권자의 이목을 끌기 위한 기획이나 선거 캠프 관계자들 중심의 선거 운동을 한 것이 아니라, 지지자나 당원이 중심이 되어 선거 운동을 이끌었고, 위계적인 조직과 선거 문화 대신 수평적인 조직과 자발적 참여로 이루어진 선거 문화를 만들고 경험했다는 점에서 그렇다.

배낭을 멘 원순씨와 희망캠프 2를 구성하고 만들어 간 사람들의 새로운 선거라는 공통의 경험, 그 기억을 공유한 사람들의 네트워크야말로 희망캠프 2의 최고의 성과라 할 수 있다. 새로운 선거 문화를 통해 승리의 경험을 공유한 사람들의 네트워크가 또 한 번의 혁신을 위한 거름이 될 것이고, 이런 경험이 쌓여 우리의 정치 문화를 바꿀 것이기 때문이다.

원순씨, 배낭 메고 어디 가세요?

지금껏 우리가 보지 못한 새로운 선거 이야기

지은이 | 박원순·하승창

1판 1쇄 발행일 2015년 10월 19일

발행인 | 김학원
경영인 | 이상용
편집주간 | 위원석 황서현
기획 | 문성환 박상경 임은선 최윤영 조은화 전두현 최인영 이혜인 정다이 이보람
디자인 | 김태형 유주현 임동렬 최우영 구현석 박인규
마케팅 | 이한주 김창규 이선희 이정인 이정원
저자·독자서비스 | 조다영 채한을(humanist@humanistbooks.com)
스캔·출력 | 이희수 com.
용지 | 화인페이퍼
인쇄 | 청아문화사
제본 | 정성문화사

발행처 | (주)휴머니스트 출판그룹
출판등록 | 제313-2007-000007호(2007년 1월 5일)
주소 | (03991) 서울시 마포구 동교로23길 76(연남동)
전화 | 02-335-4422 팩스 | 02-334-3427
홈페이지 | www.humanistbooks.com

ISBN 978-89-5862-960-3 03300

* 이 도서의 국립중앙도서관 출판시도서목록(CIP)은 e-CIP홈페이지(http://www.nl.go.kr/ecip)와 국가자료공동목록시스템(http://www.nl.go.kr/kolisnet)에서 이용하실 수 있습니다.
(CIP제어번호: CIP2015026703)

만든 사람들

편집주간 | 황서현
기획 | 박상경(psk2001@humanistbooks.com) 전두현 정다이
디자인 | 김태형 최우영
일러스트 | 정진호
사진 | 현진